La extraña Edad Media: Una colección de historias misteriosas, costumbres extrañas y raras supersticiones de la época medieval

Por Charles River Editors
Traducido por Areaní Moros

Representación medieval de víctimas de la Peste Negra siendo enterradas

Sobre el Autor

Sean McLachlan trabajó durante muchos años como arqueólogo en Europa, el Medio Oriente y los Estados Unidos. Ahora un escritor a tiempo completo, es autor de numerosos libros de historia y novelas, que incluyen *A Fine Likeness*, una novela ambientada en la Guerra Civil, con un toque paranormal. No dude en visitar su página de Amazon y blog.

Sobre la traductora

Areaní Moros es egresada de la Universidad de Los Andes en Mérida, Venezuela, con una Licenciatura en Historia. Combinando dos de sus pasiones, la Lic. Moros ha enfocado su carrera en la traducción, especialmente de material de corte histórico.

Introducción

Ilustración del *Libro de Kells*

En el periodo comprendido entre la caída de Roma y la expansión del Renacimiento en todo el continente europeo, se formaron muchas de las naciones europeas actuales, la Iglesia Católica alcanzó gran prominencia, ocurrieron algunas de las guerras más famosas de la historia y se instituyó un sistema de clases sociales que perduró más de 1.000 años. Durante este periodo, despectivamente etiquetado como "Edad Oscura" u "oscurantismo", tuvo lugar una gran cantidad de actividad, y aunque hoy en día se hace referencia a ese periodo de tiempo como la "Edad Media" y no "oscura", todavía conserva el estigma de ser una especie de periodo perdido en el que la civilización occidental no hizo ningún progreso valioso después de los avances de las antiguas civilizaciones de Grecia y Roma.

En realidad, esta sobresimplificación de la Edad Media pasa por alto el progreso hecho en los estudios de las ciencias y la filosofía, especialmente durante la Alta Edad Media. También ignora el hecho de que uno de los inventos más importantes del último milenio se creó en Alemania durante la Baja Edad Media: la imprenta, que permitió que el Renacimiento recorriera el continente y ayudara a posicionar a Europa Occidental como la región más rica del mundo.

En cualquier caso, el único aspecto de la Edad Media que ha sido idealizado, es la guerra medieval. En efecto, la Edad Media ha despertado la imaginación de las personas durante mucho tiempo, gracias a las imágenes de caballeros en armaduras combatiendo a caballo y ejércitos de hombres intentando penetrar los muros de castillos formidables. Lo que generalmente se olvida es que la guerra medieval se adaptaba constantemente a los tiempos, a medida que los líderes adoptaban nuevas técnicas y tecnologías, y la infantería común se hizo cada vez más importante a lo largo del periodo. Comenzando a partir del año 1000 EC, hubo una consolidación gradual del poder en la región, luego de la fragmentación de la Alta Edad Media, y esto provocó el surgimiento y auge de estados más centralizados que podían desplegar grandes ejércitos. Los normandos, uno de los primeros grupos en hacer esto, eran notables por su disciplina y organización, y poco sorprende que fueran los últimos extranjeros en invadir exitosamente Gran Bretaña, bajo Guillermo el Conquistador a mediados del siglo XI.

La Edad Media siempre ha cautivado la imaginación de las personas, y caballeros, bellas damas, castillos, justas y festines conforman una imagen agradable, pero la realidad era bastante diferente. La gente era sucia, las enfermedades abundaban, la guerra era cruel, y la vida era corta. Las personas morían de formas extrañas, insistían frecuentemente en que veían visiones en el cielo, e inventaron dispositivos maravillosos aparentemente muy adelantados a su tiempo. El escritor británico L. P. Hartley escribió famosamente: "El pasado es un país extranjero; allí hacen las cosas diferente". La Europa de la Edad Media era más como un planeta diferente.

La extraña Edad Media: Una colección de historias misteriosas, costumbres extrañas y raras supersticiones de la época medieval incluye toda clase de relatos sobre personas y eventos durante esa era. En conjunto con imágenes de personas, lugares y eventos importantes, aprenderá sobre algunas de las historias más extrañas de la Edad Media como nunca antes.

Visiones paranormales

La creencia en la magia y en seres de otro mundo estaba profundamente arraigada en las mentes medievales, y la gente a menudo tenía visiones del cielo, el infierno, ángeles y demonios. Algunas veces, sus visiones no tenían un tono cristiano en absoluto, sino algo mucho más extraño.

Si bien el siglo IV todavía es ampliamente considerado parte de la Antigüedad, una de las visiones más importantes de todas impactó al Imperio romano y ayudó a dar paso a la Edad Media.

En el año 312, el Imperio romano se estaba desmoronando. Acosado por una variedad de poderosos enemigos en sus fronteras y por políticas internas díscolas, se tambaleaba al borde del colapso. En lugar de estar gobernado por un único emperador como en sus días de gloria, había una tetrarquía, con un emperador y un César en el Oriente, y otro emperador y César en el Occidente. Teóricamente, trabajaban en conjunto, con los césares obedeciendo a sus emperadores. En realidad, todos luchaban por el poder.

Constantino era hijo de Constancio, el emperador de Occidente, pero como el título no era hereditario, Constantino no lo heredó cuando murió su padre en el año 306; en su lugar, Majencio fue declarado emperador en

Roma. Constantino era un general en Britania, y sus tropas respondieron declarándolo emperador. Esta era una ocurrencia común en el Imperio romano tardío, y Constantino decidió apostar por el poder.

Antiguo busto de Constantino, ahora alojado en el Museo Metropolitano de Arte de Nueva York

Busto de Majencio

Durante los primeros meses de 312, cuando se reanudó la temporada de campañas, Constantino llevó una fuerza expedicionaria de 40.000 hombres a los Alpes, a través de los altos pasos. Luego marchó sobre *Segusium* (Susa, Italia), la primera de una serie de fortalezas vitales a lo largo de su marcha, defendidas por tropas majencianas. A pesar de sus defensas formidables y de la negativa de la guarnición de aceptar términos, las tropas de Constantino conquistaron en poco tiempo la fortaleza, incendiando las puertas y asaltando los muros. Constantino, sin embargo, mantuvo a sus hombres rígidamente bajo control y le evitó a los habitantes de *Segusium* los horrores que tradicionalmente seguían a un asedio, un movimiento calculado que ayudó a que su reputación se disparara a lo largo del norte de Italia.

Constantino marchó entonces sobre el centro estratégico de *Augusta Taurinorum* (Turín), pero antes de llegar, sus fuerzas fueron interceptadas por una columna de caballería pesada enviada por Majencio. Sin embargo, la caballería no contaba con apoyo de infantería, y su ataque al ejército de Constantino, que era más diverso, fue inefectivo. Las fuerzas majencianas fueron rodeadas y destruidas, y los sobrevivientes huyeron a *Augusta Taurinorum*, pero sus habitantes y guarnición se pasaron al bando de Constantino y se negaron a dejarlos entrar a la ciudad. Tras la defección de *Augusta Taurinorum*, otras ciudades siguieron su ejemplo, incluida *Mediolanum* (Milán).

Constantino se tomó un tiempo en *Mediolanum* para consolidarse antes de avanzar a mediados del verano sobre *Brixia* (Brescia), de cuya guarnición dispuso rápidamente antes de dirigirse más al sur, hacia Verona. Allí, el general de Majencio, Ruricio Pompeyano se encontraba en una fuerte posición defensiva, flanqueado por el río Adigio en tres lados y con la fuerza principal de los ejércitos de Majencio en el norte de Italia. Al darse cuenta de que un ataque frontal sería caer en la trampa de Ruricio y probablemente terminaría en desastre, Constantino envió una fuerza pequeña para intentar flanquear a Ruricio y forzar un cruce sin ser notado. Sin embargo, los exploradores de Ruricio reportaron el movimiento y él envió una fuerza mucho mayor para oponer el empuje de Constantino. En lugar de retirarse, los soldados de Constantino se unieron y empujaron a los hombres de Ruricio de vuelta al otro lado del río en desorden, lo que permitió a Constantino embotellar con éxito a Ruricio dentro de *Brixia*.

A pesar de la precaria situación, Ruricio mostró una osadía notable al lograr escapar del anillo de hierro con un puñado de seguidores, y luego regresó con refuerzos. La sabiduría militar tradicional dictaba que Constantino, con su retaguardia amenazada, debería romper el asedio, pero al igual que César en Alesia siglos antes, escogió en cambio mantener el cerco y enviar una pequeña fuerza para oponerse a Ruricio. Aunque las fuerzas de Constantino estaban peleando en dos frentes, y del lado equivocado de una disparidad en números, después de una lucha feroz, fue muerto Ruricio, y su desmoralizado ejército huyó. *Brixia* se rindió poco después y Constantino siguió avanzando hacia el sur, tomando Aquilea, *Mutina* (Módena) y Rávena, las últimas fortalezas estratégicamente importantes entre él y el bastión de Majencio en Roma.

En lugar de buscar a Constantino en el campo, Majencio eligió ponerse a la defensiva. Mientras Constantino avanzaba a paso lento por la Vía Flaminia, Majencio levantó barricadas para encerrarse en Roma y ordenó destruir los puentes sobre el Tíber, básicamente abandonando el centro de Italia a la merced de su rival. Constantino avanzó con lentitud deliberada hacia Roma, fortaleciéndose día a día a medida que los descontentos ciudadanos de Italia central se unían bajo su bandera, y más y más de la guarnición de Majencio iban desapareciendo, obviamente presintiendo la derrota.

Finalmente, Majencio se dio cuenta de que no tenía más opción que ofrecer batalla, y después de construir un puente de barcas para atravesar el Tíber, en octubre de 312 lo cruzó con su ejército para enfrentar a Constantino en batalla abierta. A pesar del desgaste de las campañas ese año y la deserción generalizada, Majencio todavía pudo duplicar el número de topas que poseía Constantino, pero, si ha de creerse el mito y la posterior propaganda por parte de Constantino, él tenía un aliado invencible: Dios.

Tanto Eusebio como Lactancio, dos de los principales biógrafos de Constantino, afirman que el día antes de la batalla, Constantino tuvo una visión. Según Lactancio, Constantino fue visitado por un ángel en sus sueños la noche antes de la batalla, mientras que la versión de Eusebio es aún más teátrica. De acuerdo con éste, mientras el ejército de Constantino estaba en marcha, apareció en el cielo sobre ellos un símbolo en llamas, con forma de P y X cruzadas (☧, un cristograma), y bajo él la leyenda *"Εν Τούτῳ Νίκα"* ("con este signo vencerás"). La X y la P representan las letras griegas (romanizadas) *chi* y *rho*, las dos primeras letras del nombre de Cristo en la ortografía griega.

En su *Vida de Constantino*, Eusebio escribió que cuando Constantino se estaba acercando a Roma, tuvo la siguiente visión, que recontó él mismo a Eusebio:

> Dijo que a eso de mediodía, cuando el día ya comenzaba a declinar, vio con sus propios ojos el trofeo de una cruz de luz en los cielos, por encima del sol, que tenía la inscripción: CONQUISTA POR ESTO. Al ver esto él mismo se maravilló, y también todo su ejército, que lo siguió en esta expedición y presenció el milagro.

> Dijo, además, que dudaba en su fuero interno cuál podría ser la importancia de esta aparición. Y cuando aún estaba reflexionando y ponderando su significado, la noche cayó repentinamente;

luego mientras dormía el Dios Cristo se le apareció con el mismo símbolo que había visto en el cielo, y le ordenó reproducir la imagen de ese símbolo que vio en el cielo, y usarlo como protección en todos los combates con sus enemigos.

Constantino hizo entonces que sus soldados pintaran el Chi-ro en sus escudos. Este símbolo cristiano era uno bien conocido de la fe cristiana, incluso en un imperio que todavía era más que medio pagano. Usarlo fue una declaración política osada.

Presumiblemente, tal manifestación divina habría provocado una conversión a la fe cristiana en ese lugar y momento, y Constantino ciertamente aludió a ello en propaganda posterior, pero hay evidencia significativa de que la manifestación original fue de hecho vista como una revelación divina pagana. En esa versión, la revelación fue interpretada como el halo de *Sol Invictus*, el Dios Sol con quien Constantino afirmaba tener una asociación de larga data y cuya iconografía fue representada en monedas emitidas por Constantino incluso años después de la batalla.

**Esta moneda de oro, acuñada en 313 EC, representa
a Constantino con *Sol Invictus***

Un problema con la teoría de que Constantino simplemente observó lo que él pensó se trataba de una revelación divina de *Sol Invictus*, es que los relatos coinciden en que cambió la apariencia de su equipo antes de la batalla. Algunos estudiosos han sugerido, bastante optimistamente, que el símbolo ardiente era de hecho un parhelio, pero cualquiera fuera la fuente de la inspiración divina de Constantino, ya fuera milagrosa, científica o simplemente propaganda inteligente, el día de la batalla sus ejércitos al parecer se aproximaron a las fuerzas de Majencio con el Chi-Rho pintado en sus escudos. Según

Eusebio: "Asumiendo, por ende, al Dios Supremo como su patrón, e invocando a su Cristo como su preservador y ayuda, y colocando el trofeo victorioso, el beneficioso símbolo, frente a sus soldados y guardia personal, marchó con sus fuerzas completas, tratando de obtener nuevamente para los romanos la libertad que habían heredado de sus ancestros".

Sea como fuere, el 28 de octubre se libró la batalla del Puente Milvio, y Constantino obtuvo una victoria decisiva que destruyó a la fuerza contraria y resultó en la muerte de Majencio. Algunas fuentes sugieren que éste trató de tomar el puente de barcas y fue empujado al agua como tantos otros por el agolpamiento de los fugitivos, mientas otros afirman que fue arrojado de su caballo. Otras versiones afirman que intentó cruzar a nado el Tíber para ponerse a salvo, pero finalmente se ahogó al sucumbir al agotamiento. Independientemente de cómo sucedió, Constantino había ganado la batalla, y con eso, Roma, Italia y todo el Imperio romano de Occidente eran suyos.

Dada la estrategia irracional de Majencio, y el resultado de la batalla, Eusebio también atribuyó la toma de decisiones de Majencio a la intervención divina:

> Y ya estaba avanzando muy cerca de Roma, cuando, para salvarlo de la necesidad de pelear con todos los romanos por el bien del tirano, Dios

mismo lo atrajo, como por medio de cuerdas secretas, muy lejos de las puertas. Y ahora esos milagros registrados en la Sagrada Escritura, que el Dios de la antigüedad obró contra los impíos (desacreditados por la mayoría como fábulas, pero creídos por los fieles), él confirmó en todos los hechos a todos por igual, creyentes y no creyentes, que fueron testigos oculares de las maravillas. Pues como una vez en los días de Moisés y la nación hebrea, que eran adoradores de Dios, 'los carros de Faraón y sus huestes los arrojó al mar y sus capitanes de carro elegidos se ahogaron en el Mar Rojo', así que en este momento Majencio, y los soldados y guardias con él, 'se hundieron como piedra hasta las profundidades', cuando, en su huida ante las fuerzas divinamente asistidas de Constantino, intentó cruzar el río que se interponía en su camino, sobre el cual, al hacer un fuerte puente de barcas, había instalado una máquina de destrucción, realmente contra sí mismo, pero con la esperanza de atrapar con ella al amado por Dios. Porque su Dios estuvo al lado del uno para protegerlo, mientras que el otro, impío, demostró ser el miserable inventor de estos dispositivos secretos para su propia ruina. Por lo que podría decirse: 'Él ha hecho un hoyo, lo cavó, y cayó en la zanja que hizo. Su daño se volverá sobre su propia cabeza, y su violencia descenderá sobre su propia coronilla'.

Así, en el presente caso, bajo dirección divina, la máquina erigida sobre el puente, con la emboscada oculta en el mismo, cediendo inesperadamente antes de la hora prevista, el puente comenzó a hundirse, y los botes con los hombres en ellos se hundieron físicamente hasta el fondo. Y primero el miserable mismo, luego sus sirvientes y guardias armados, tal como los oráculos sagrados lo habían descrito, 'se hundieron como plomo en las poderosas aguas'. De modo que aquellos que obtuvieron así la victoria de Dios bien podrían, si no en las mismas palabras, pero sí de hecho con el mismo espíritu que el pueblo de su gran siervo Moisés, cantar y hablar como lo hicieran con respecto al tirano impío de la antigüedad: 'Cantemos al Señor, porque ha sido glorificado en extremo: el caballo y su jinete ha arrojado al mar. Él se convirtió en mi ayudante y mi escudo para la salvación'. Y de nuevo, '¿Quién como tú, oh Señor, entre los dioses? ¿Quién es como tú, glorioso en santidad, maravilloso en alabanzas, haciendo maravillas?'.

Curiosamente, Constantino se rehusó a hacer las

ofrendas tradicionales de victoria en el templo de Júpiter, pero esto no es necesariamente prueba de su conversión al cristianismo, pues igualmente podría reflejar que continuaba apegado al *Sol Invictus* o que tenía consciencia de que tal gesto alienaría a los cristianos de Roma.

El año después de la batalla, Constantino ayudó a que se aprobara el Edicto de Milán, declarando tolerancia para el cristianismo, que había sufrido persecuciones periódicas antes de entonces. Luego, fundó la ciudad de Constantinopla y se convirtió al cristianismo hacia el final de su vida. El cristianismo se convirtió en la principal religión de Europa, y Constantinopla más tarde sería la capital del Imperio bizantino. Gracias a la visión de Constantino, se allanó en muchos sentidos el camino para el advenimiento de la Edad Media.

Los escépticos modernos creen que el emperador inventó todo el asunto como una estrategia de propaganda, y en torno a esta visión existen varios relatos. Sin embargo, en última instancia, lo que importa es que la gente lo creyó en ese momento, y eso cambió el curso de la historia.

No ha de sorprender que las visiones se convirtieran en un pilar de la cultura medieval, y a lo largo del periodo se pueden encontrar incontables ejemplos. Uno de ellos es la *Crónica anglosajona*, una relación anual de eventos ocurridos en Inglaterra, escrita por diversos miembros del clero, que enumeraba varias visiones y otros eventos extraños, entretejidos con la historia política y eclesiástica. A continuación una pequeña muestra:

Año 773: Este año apareció en el cielo un crucifijo ardiente al atardecer[,] y el mismo año los hombres de Mercia y los hombres de Kent lucharon en Otford[,] y víboras asombrosas fueron vistas en la tierra de los sajones del sur.

Año 793: Este año llegaron terribles augurios a la tierra de los norumbrianos, y aterrorizaron miserablemente a la gente; estos fueron torbellinos excesivos, y relámpagos; y dragones de fuego fueron vistos volando por el aire. A estas señales pronto siguió una terrible hambruna; y un poco después de eso, en el mismo año, el día 6to antes de las idus de enero, los estragos de hombres paganos destruyeron lamentablemente la iglesia de Dios en Lindisfarne mediante rapiña y matanza.

La incursión mencionada en este año fue el famoso ataque vikingo que comenzó una larga serie de incursiones nórdicas y subsiguientes invasiones de las islas británicas. Otras entradas incluyen lo siguiente:

Año 806: Este año la luna fue eclipsada en la calenda de septiembre[,] y Eardulf, rey de

Northumbria, fue expulsado de su reino; y murió Eanbert, obispo de Hexam. También en el mismo año, el 2do antes de las nonas de junio, una cruz apareció en la luna al amanecer de un miércoles; y después en este año, en el tercero antes de la calenda de septiembre[,] se vio un maravilloso círculo alrededor del sol.

Año 1104: Este año, en Navidad, [el] rey Enrique celebró su corte en Westminster, en Pascua en Winchester, de nuevo en Westminster para el Pentecostés. Este año, el primer día de Pentecostés fue en la nona de junio, y el jueves siguiente, a mediodía, aparecieron cuatro círculos de un color blanco en torno al sol, uno bajo el otro como si hubieran sido pintados. Todos quienes lo vieron se maravillaron, pues no recordaban haberlo visto nunca antes.

Año 1106: En la primera semana de Cuaresma, la noche del viernes, el día catorce antes de la calenda de marzo, apareció una extraña estrella, y se vio un rato cada noche durante un largo tiempo después. Esta estrella apareció en el suroeste, parecía pequeña y remota, pero la luz que emitía era muy brillante, y como un rayo extremadamente largo que brillaba hacia el noreste; y una noche pareció como si un haz de luz se lanzara y entrara directamente en la estrella. Algunas personas dijeron que observaron más estrellas desconocidas en ese momento, pero no escribimos eso como una certeza porque no lo vimos personalmente. Una noche antes del día de la cena de nuestro Señor, es decir, el jueves antes de Pascua, aparecieron dos lunas en el cielo antes del día, una en el este y la otra en el oeste, ambas llenas; y el mismo día era el 14vo de la luna.

Las visiones persistieron a lo largo de este periodo, ofreciendo tanto terror como esperanza, dependiendo de su naturaleza.

Muertes extrañas

La Edad Media podía ser brutal, y las personas a menudo encontraban la muerte de formas espantosas y extrañas.

Una de las peores formas de morir, era de lepra. Si bien hoy en día ha prácticamente desaparecido, a excepción de algunos países en desarrollo, en la época medieval la lepra era una plaga sobre la población de Europa. No es de extrañar que las poblaciones supersticiosas de hace mil años rechazaran a los leprosos, pero las sociedades hacían más que eso. En algunas comunidades, los declaraban muertos legalmente. Cavaban una tumba, hacían al leproso pararse dentro de ella, y un sacerdote le daba la extremaunción. El leproso era entonces expulsado de la comunidad.

Si una persona no contraía alguna enfermedad mortal, con frecuencia moría por violencia. La Edad Media fue una época extremadamente violenta, con guerras constantes, bandidos y peleas entre pueblos y familias rivales. Incluso mucho de lo que se consideraba entretenimiento, se trataba de algún tipo de violencia.

Los de sangre noble corrían tanto peligro como cualquiera. El rey Kenneth II de Escocia (r. 971-995) fue víctima de un elaborado complot para asesinarlo que involucró una inteligente trampa. Varias personas participaron en el complot, pero la perpetradora fue Lady Finella de Fettercairn, una mujer noble a cuyo hijo había asesinado Kenneth II.

El rey y sus seguidores se encontraban de cacería un día, cuando llegaron a la aldea de Fettercairn. Lady Finella salió a saludarlos, proclamando su lealtad. Si bien esto puede parecer inusual, dado lo que el rey le había hecho a su hijo, ese tipo de traición familiar era inherente a la política medieval. La dama llevó a Kenneth aparte y le susurró que tenía conocimiento de un plan en su contra, algo que ciertamente era verdad. Logró llevarlo bajo engaño a una cabaña remota donde había una estatua sagrada, conectada por finas cuerdas a ballestas ocultas.

Cuando el rey fue a tocar la estatua, como solía hacer la gente en esos días cuando buscaban el favor de Dios, fue atravesado por flechas desde todos lados. Tras el asesinato, los seguidores del rey creían que Lady Finella tuvo algo que ver con su muerte. Cuando encontraron el cadáver de Kenneth pero ningún rastro de la dama, incendiaron por completo la aldea Fettercairn.

Edmundo *"Ironside"*, quien reinó sobre Inglaterra durante un breve periodo en 1016, fue tal vez asesinado de manera similar. En su *L'Estoire des Engleis* [Historia de los ingleses], Geoffrey Gaimar afirmó que cuando el rey se sentó en el excusado, accionó "un arco preparado con la cuerda unida al asiento, de manera que cuando el rey se sentó en él, la flecha se liberó y entró en su trasero".

Esta versión ha sido disputada, pues otros cronistas no mencionan asesinato, o difieren en los detalles. Ni siquiera pueden ponerse de acuerdo sobre si murió en Londres o en Oxford. Alternativamente, puede haber muerto por heridas recibidas en batalla; Edmundo acababa de librar cinco batallas contra invasores vikingos, incluida una solo seis semanas antes de su muerte. Pudo haber sido herido en alguno de esos combates y morir después por una infección.

También se podía morir por accidente o desventura, y la mala suerte no perdonaba a nadie porque disfrutara de una alta posición social. Una de las tragedias más extrañas de la era sucedió en un baile de máscaras conocido como el *Bal des Ardents* ("Baile de los ardientes") el 28 de enero de 1393, en París. La historia detrás de esto explica por qué se lo considera un horrendo precursor del festival *Burning Man*, celebrado anualmente en los Estados Unidos.

El rey Carlos VI de Francia (r. 1380-1422) y su esposa, la reina Isabel de Baviera, organizaron un baile, nominalmente con motivo del matrimonio de una dama de compañía. Otra razón era para alegrar al joven rey, quien recientemente había sufrido un episodio de locura. Había marchado contra Britania a la cabeza de una columna de caballeros para sofocar una rebelión de la nobleza local, solo para volverse loco repentinamente y atacar a sus propios hombres, gritando que eran traidores. Logró matar a cuatro de ellos (quienes no pudieron defenderse de su propio monarca) antes de que Carlos pudiera ser derribado de su montura y sujetado.

Retrato de Carlos VI de Francia

Representación de Carlos VI atacando a sus soldados

A Carlos VI se le dio un largo periodo de reposo y fue llevado lentamente de vuelta a París, haciendo paradas en el camino para recuperarse, en castillos y casas señoriales. Estaba hecho un manojo de nervios, a menudo corría por los pasillos y aullaba como un animal. También creía que su cuerpo se había vuelto de vidrio, y que se quebraría en cualquier momento, un tipo raro de alucinación que era común en ese periodo. Un médico le recetó descanso y entretenimiento, así que Carlos delegó el gobierno directo temporalmente para divertirse.

Pasado un tiempo, Carlos parecía estar mejorando, y su reina y cortesanos esperaban que una gran fiesta lo alegraría. El baile fue un gran evento con música y muchos festejos y banquetes, y parte del entretenimiento requería que Carlos y cinco nobles bailaran disfrazados de hombres salvajes, peludos, figuras humanas similares al Pie Grande de la mitología norteamericana, que supuestamente vivían como animales en la naturaleza. La figura del hombre salvaje era una mezcla de influencias paganas y cristianas. Se decía que eran primitivos desalmados que vivían sin la gracia de Dios, y podrían ser sirvientes del diablo. Disfrazarse de uno era considerado sacrilegio por muchos, pero también puede haber sido una especie de exorcismo, una manera de expulsar de la cabeza del rey Carlos al demonio de la locura.

Los disfraces estaban hechos de lino cubierto de linaza, pegada con resina, y cubrían todo el cuerpo, incluido el rostro. La idea era que nadie en el público supiera las identidades de los bailarines, y los invitados tenían que adivinar quiénes eran. Todos recibieron instrucciones firmes de no encender ninguna antorcha en el salón o encender alguna llama durante la presentación.

La música comenzó, y los seis hombres entraron al salón, aullando como animales y entreteniendo a los invitados. Esto continuó durante un rato hasta que el hermano de Carlos VI, el duque de Orleans, llegó con un amigo, ambos llevando antorchas. Estaban ebrios e ignoraron, o no escucharon, las órdenes de no ingresar con una llama abierta. No está claro qué pasó a continuación exactamente, pero parece que Orleans levantó su antorcha cerca de uno de los bailarines para intentar descubrir quién era, y esto causó que una chispa cayera sobre la pierna del hombre. Inmediatamente quedó envuelto en llamas, y al correr gritando por doquier, inadvertidamente prendió fuego a los otros hombres.

Afortunadamente, el rey estaba un poco alejado, cerca de su tía de quince años, Juana, duquesa de Berry. La joven pensó rápido y cubrió al rey con su falda para escudarlo de las llamas, mientras los otros se estaban quemando vivos, y las chispas que emitieron prendieron fuego a la ropa de varias otras personas, también. Los que acudieron al rescate de los hombres en llamas también sufrieron quemaduras.

En un relato contemporáneo, el Monje de San Denis reportó que "cuatro hombres se quemaron vivos, sus genitales en llamas cayeron al suelo... liberando un chorro de sangre". El quinto bailarín, el Sieur de Nantouillet, apagó su traje en llamas al saltar a una cuba de vino. Se sumergió allí con solo su rostro sobre la superficie hasta que todos los fuegos se habían extinguido.

Un noble murió inmediatamente, y dos más

sobrevivieron un par de días con un dolor insoportable antes de fallecer. El cuarto bailarín, Huguet de Guisay, finalmente vivió, pero no sin maldecir a los otros bailarines y culparlos por lo que sucedió.

Una representación del *Bal des Ardents*

En cuanto a la culpa, el público se la atribuyó completamente a la corte. La tragedia sacudió la confianza pública en la esposa extranjera del rey Carlos VI (que nunca había sido popular) y sus consejeros. Se dijo que la fiesta había sido un símbolo de decadencia, y que las muertes fueron el castigo de Dios. Orleans recibió la mayor parte de la culpa, dado que él era el más directamente culpable.

El gobierno vio que debía hacerse algo, y rápidamente. En los últimos años se habían producido varios levantamientos populares en Europa, incluida una revuelta contra los recolectores de impuestos de París once años atrás, y Orleans hizo una donación para construir una capilla como penitencia. El rey encabezó una procesión penitencial a Notre Dame para rezar por el perdón.

Aunque el rey fue perdonado por el pueblo, su descenso a la locura continuó, y cada vez más se le hizo a un lado a la hora de tomar decisiones. El control de Francia quedó en manos de la misma corte que el pueblo había acusado de extravagancia e impiedad, lo que socavaba aún más la legitimidad del gobierno.

La reputación de Orleans fue la que más sufrió. Dado que había sido acusado de hechicería unos años antes del *Bal des Ardents*, muchos pensaban que el incendio era el castigo de Dios por haber hecho tratos con el diablo, o su intento de asesinar al rey. Orleans fue asesinado en 1407 por Juan 'sin miedo' de Borgoña, lo que llevó a una sangrienta guerra civil entre la facción de los Borgoña y la de los familiares y seguidores de Orleans. Parece que Orleans siempre estaba causando problemas.

Una manera más común de morir de una muerte horrible era ser huésped en alguna de las muchas cámaras de tortura de la época, lugares de inventiva tan perversa que han coloreado para siempre las percepciones de las personas sobre la Edad Media. Se han escrito libros completes sobre dispositivos de tortura de ese periodo, y un pasaje de la *Crónica anglosajona* describe vívidamente algunos de los castigos:

> Año 1137: Este año el rey Esteban cruzó el mar hacia Normandía, y fue recibido allí porque se esperaba que él fuera del todo como su tío, y porque había tomado posesión de su tesoro, pero esto lo distribuyó y despilfarró tontamente. El rey Enrique había reunido mucho oro y plata, pero no hizo nada bueno por el bien de su alma. Cuando el rey Esteban llegó a Inglaterra, celebró una asamblea en Oxford; y allí aprehendió a Roger, obispo de Salisbury, y Alexander, obispo de Lincoln, y Roger el Canciller, su sobrino, y los mantuvo a todos en prisión hasta que renunciaron a sus castillos. Cuando los traidores percibieron que él era un hombre amable, y blando, y bueno, y que no imponía justicia, todos se preguntaron. Le habían rendido homenaje, y jurado lealtad, pero no mantuvieron la fe; todos se perjuraron, y rompieron su alianza, pues cada hombre rico construyó sus castillos y los defendió contra él,

y llenaron la tierra de castillos. Esto oprimió enormemente al miserable pueblo, haciéndoles trabajar en estos castillos, y cuando los mismos estaban terminados, los llenaban con demonios y hombres malvados.

Luego tomaban a aquellos de quienes sospechaban que tenían bienes, de noche y de día, capturando tanto a hombres como mujeres, y los encarcelaban por su oro y plata, y los torturaban con dolores atroces, pues nunca fueron mártires tan atormentados como esos. Colgaban a algunos de los pies, y los ahogaban con un humo repugnante; a algunos [los colgaban] de los pulgares, o de la cabeza, y les colgaban cosas ardientes de los pies. Les ponían una cuerda anudada alrededor de sus cabezas, y la retorcían hasta que les entraba hasta el cerebro. Los metían en mazmorras en las que había víboras, serpientes y sapos, y así los agotaban. A algunos los metían en un *crusethouse*, es decir, en un baúl que era bajo y estrecho, y no profundo, y colocaban piedras filosas en él, y aplastaban al hombre allí dentro para quebrarle todas las extremidades. En muchos de los castillos había cosas aborrecibles y sombrías llamadas *sachenteges*, que tenían que cargar entre dos o tres hombres. El *sachentege* estaba hecho así: estaba sujeto a una viga, con un hierro afilado para rodear la garganta y el cuello de un hombre, de modo que no pudiera sentarse, ni acostarse, ni dormir, sino que debía soportar todo el hierro. A muchos miles agotaron de hambre. No puedo contar ni contaré de todas las heridas y todas las torturas que infligieron a los miserables hombres de esta tierra; y este estado de cosas duró los diecinueve años que Esteban fue rey, y cada vez empeoró más y más. Continuamente recaudaban una exacción de los pueblos y ciudades, que llamaban *tenserie*, y cuando los miserables habitantes no tenían más que dar, entonces ellos saqueaban y quemaban todos los pueblos, de modo que bien podría caminar un día entero y nunca encontrar a un hombre sentado en una ciudad, o su tierra labrada.

Hombres salvajes y otras criaturas extrañas

Los hombres salvajes representados en el *Val des Ardents* eran figuras populares en el folclor medieval. Se decía que eran personas grandes y corpulentas. Según algunos relatos eran seres humanos, mientras que la mayoría afirmaba que, si bien parecían humanos, carecían de almas inmortales. Vivían más allá del límite de la civilización, no tenían ropa y no sabían usar el fuego. Estaban cubiertos de pelo y solo conocían las herramientas más simples, empuñando temibles garrotes hechos de madera burdamente elaborada.

Esto suena muy parecido al *Sasquatch* ("Pie Grande") de la leyenda nativo-americana y al *yeti* ("abominable hombre de las nieves") de la tradición himalaya, lo que plantea la pregunta de por qué tantas culturas diferentes tenían cuentos sobre criaturas humanoides peludas que vivían en la naturaleza salvaje. Puede haber habido un mito común de la prehistoria, o quizás incluso un recuerdo de homínidos anteriores.

Ciertamente es posible que algunos ermitaños o individuos mentalmente desequilibrados le hubieran dicho adiós a la civilización, y vivido en los bosques como hombres salvajes. Considerando la opresión del sistema feudal y las tan extendidas guerras y enfermedades de la época, no sorprendería que tales personas fueran bastante comunes. Su vellosidad y carácter salvaje pueden ser simples exageraciones por parte de campesinos simples que le temían a los forasteros.

Al igual que cualquier extraño, los hombres salvajes atraían interés y también miedo. Un cuento popular suizo relata cómo unos campesinos dejaron un barril de cerveza afuera para un hombre salvaje de su distrito, y cuando éste se emborrachó sin remedio, lo amarraron, con la esperanza de que compartiera su sabiduría a cambio de ser liberado. Por lo tanto, el hombre salvaje tenía conocimiento secreto, un poco como los dioses pastorales de la mitología antigua.

Los hombres salvajes tienen un papel en las baladas heroicas, generalmente como enemigos que deben vencer los valientes caballeros. También figuran prominentemente en el arte y la heráldica medievales, convirtiéndose en uno de los símbolos más populares de la época, pero ciertamente no fueron las únicas criaturas extrañas en ser retratadas en el arte medieval. Aún más extrañas y menos explicables son las *Sheela na Gig*.

Quienes entren a ciertas iglesias románicas en Europa y miren hacia la parte superior de los pilares u ornamentos de los arcos, a veces verán una cruda imagen de una anciana levantándose la falda y abriéndose la vulva. Algunas son bastante acrobáticas, tumbadas boca arriba, con las piernas alrededor de la cabeza, una gran sonrisa en su rostro, y su vulva abierta tan ancha como todo su cuerpo. Este tipo de imagen no es lo que se asociaría generalmente con la piedad cristiana, y sin embargo, se conocen cientos de ejemplos.

Ejemplo de *Sheela na Gig* del siglo XII

Las *Sheela na Gig* se encuentran más comúnmente en Irlanda y Gran Bretaña, pero también se ven en Francia y España. Y algunas más están dispersas por Europa, desde Portugal hasta Noruega. Gran Bretaña e Irlanda definitivamente tienen la mayor cantidad, y se encuentran usualmente en iglesias normandas construidas en estilo románico, aunque en algunos casos decoran castillos y otros edificios seculares. Muchas de estas tallas parecen ser más antiguas que los edificios que adornan, lo que hace que algunos académicos se pregunten si se trata de ídolos paganos que fueron cooptados en algún tipo de simbolismo cristiano no registrado en los anales medievales.

De hecho, no existe mención de ellas en registros sobrevivientes, lo que da pie a todo tipo de especulación. Hay quien dice que eran simplemente bromas hechas por los albañiles que construyeron las iglesias, una forma rijosa de burlarse de la autoridad. Otros creen que son supervivencias de diosas celtas o símbolos de muchas diosas madre primordiales wiccanas y neopaganas modernas. Los partidarios de estas últimas teorías señalan que las *Sheela na Gig* a menudo son notablemente más antiguas que los edificios que adornan.

El problema con esta idea es que hay muy poca evidencia de figuras similares en el registro arqueológico. Las figuras no lucen celtas en estilo, y solo se han hallado algunas tallas vagamente similares en contextos antiguos en toda Europa. Aun así, se trata de tallas de mujeres abriéndose de piernas en poses que bien podrían encontrarse en la pornografía de hoy. El hecho de que sean más antiguas que los edificios puede deberse a que fueron reusadas de edificios medievales anteriores, lo que quiere decir que no necesariamente son de épocas tan antiguas.

Estas teorías no explican por qué los sacerdotes permitían iconografía pagana o bromas sucias en sus iglesias; después de todo, las *Sheela na Gig* fueron obviamente permitidas por la jerarquía de la Iglesia. Una teoría que ha ganado mucho apoyo en la comunidad académica (y que es la explicación más probable para estas extrañas figuras) es verlas como otra forma más de elemento grotesco. Tallas de gárgolas, hombres feroces, y personas hurgándose la nariz o peleando se encuentran comúnmente en las iglesias medievales para alejar a los espíritus malignos. Incluso hay algunos ejemplos de hombres con erecciones, algunos de los cuales están masturbándose obviamente. El hecho de que las *Sheela na Gig* fueron de más corta duración en la historia arquitectónica que otras formas de grotescos puede deberse a su naturaleza sexual. Después de un tiempo, las autoridades eclesiásticas quizás decidieron no incluirlas al decorar nuevas iglesias, pero dejaron las que había en iglesias existentes para no perder su magia protectora.

Otra teoría es que estas figuras eran una advertencia contra el pecado de la lujuria. La mayoría de las *Sheela na Gig* son ancianas nada atractivas, por lo que las tallas pueden haber tenido la intención de disuadir a los espectadores masculinos y hacer que la idea de la sexualidad explícita y desvergonzada no fuera atractiva. Esta teoría, no obstante, no explica por qué las *Sheela na*

Gig también se encuentran en contextos seculares.

Curiosamente, a pesar de las muchas criaturas extrañas mencionadas en el folclor medieval, no hay historias contemporáneas de *Sheela na Gig*, lo que las hace aún más misteriosas.

Es difícil decir cuánto creía la gente medieval en los monstruos. Si bien su arte está lleno de hombres salvajes, dragones y unicornios, ¿la persona promedio realmente creía que esas cosas existían?

En el caso de los unicornios, al menos, se construyó toda una industria en torno a la creencia de que eran, en efecto, reales. Los pueblos del norte cazaban al narval, un tipo de pequeña ballena ártica con un largo diente con patrón en espiral que parece un cuerno. Estos cuernos eran cortados, enviados al sur, a los reinos ricos de Europa, y vendidos como cuernos de unicornio. Dado que los narvales solo se encontraban en lejanas aguas muy al norte, los compradores en lugares como Francia e Italia, no tenían idea.

Un narval y su cuerno

En ese tiempo, el cuerno valía su peso en oro. Muchas fórmulas mágicas requerían una porción de cuerno de unicornio o su polvo molido. Por ejemplo, un talismán de cuerno de unicornio curaba la "melancolía", el antiguo término para la depresión. Las copas hechas de cuernos de unicornio eran valoradas por la nobleza porque supuestamente neutralizaban el veneno. Dado que el envenenamiento era un método tan común de asesinato, los colmillos de narval tenían una gran demanda.

También hay historias más extrañas que no encajan precisamente en la visión medieval del mundo y, de hecho, están mucho más cercanas a algunos eventos paranormales de los tiempos modernos. Al explorar relatos medievales, los lectores pueden encontrar varias menciones de visitantes del cielo que descendían en botes o en discos ardientes, un presagio notable de la locura de los ovnis que surgió en el mundo a mediados del siglo XX.

Uno de los primeros casos de este tipo ocurrió en Francia hace más de mil años. Agobardo, arzobispo de Lyon bajo Carlomagno a principios del siglo IX, tuvo que salvar a cuatro personas de una turba iracunda que quería matarlos a pedradas porque habían descendido de barcos (o "naves") que volaban en el cielo. Los cuatro viajeros, tres hombres y una mujer, contaron historias increíbles de haber sido elevados a estos barcos y haber visto muchos lugares maravillosos. Agobardo dispersó a la multitud diciendo que lo que afirmaban los viajeros era imposible, y por lo tanto no podían ser hechiceros que merecieran la muerte.

El arzobispo era un poco escéptico y escribió varios

tratados que desacreditaban supersticiones populares. En su obra *De Grandine et Tonitruis* (Sobre el granizo y el trueno), escribió sobre los orígenes del clima y descartó la creencia popular en los *tempestarii* o tempestarios ("magos del clima"). Estos nefastos hechiceros invocaban marineros aéreos en sus naves voladoras para que causaran tormentas y así robar las cosechas de los campos de agricultores honestos antes de llevárselas a la legendaria tierra de Magonia, en una forma temprana de histeria por brujería. Aunque los agricultores locales no podían atrapar a los marineros aéreos, podían acusar a sus vecinos de ser tempestarios.

Si bien Agobardo no creía en los visitantes del cielo, no había escasez de personas en la Edad Media que lo hicieran. Gervasio de Tilbury, un abogado y cronista inglés, registró un evento extraño en el año 1211: "Sucedió en el municipio de Cloera, un domingo, mientras la gente estaba en misa, una maravilla. En esta ciudad hay una iglesia dedicada a San Kinarus. Ocurrió que cayó un ancla del cielo, atada a una cuerda, y las uñas se engancharon en el arco sobre la puerta de la iglesia. La gente se apresuró a salir de la iglesia y vio en el cielo un barco con hombres a bordo, flotando ante el cable de anclaje, y vieron a un hombre saltar por la borda y hasta el ancla, como para soltarla. Se veía como si estuviera nadando en agua. Las personas se acercaron tratando de agarrarlo; pero el obispo les prohibió retener al hombre, pues podría matarlo, dijo. El hombre fue liberado, y se apresuró a la nave, donde la tripulación cortó la cuerda y el barco navegó fuera de vista. Pero el ancla está en la iglesia, y allí ha estado desde entonces, como testimonio".

Es notable que este relato tiene algunas similitudes al de Agobardo, con un barco aéreo, seres que parecen humanos y desembarcan en la superficie de la Tierra, y un campesinado hostil, pero hay algunos detalles interesantes ausentes en el primer relato. ¿Por qué dijo Gervasio que el hombre parecía estar "nadando en agua"? y, ¿por qué le dijo el obispo a su rebaño que dejaran al hombre en paz?

El más notable entre los primeros avistamientos de presuntos ovnis en Europa es el más detallado y presenciado de la era premoderna y ofrece una idea de todo el fenómeno. Se informó en un *broadsheet* alemán, una especie de periódico que se imprimía en una cara de una gran hoja de papel y podía pegarse como un cartel, y decía:

> En la mañana del 14 de abril de 1561, al amanecer, entre las 4 y 5 a.m., una terrible aparición ocurrió sobre el sol, y esto fue luego visto en Nuremberg en la ciudad, ante las puertas y en el campo, por muchos hombres y mujeres. Al principio aparecieron en el medio

del sol dos arcos semicirculares color rojo sangre, justo como la luna en su último cuarto. Y en el sol, arriba y abajo y en ambos lados, el color era sangre, había una bola redonda de color ferroso parcialmente opaco y parcialmente negro. De igual manera, había en ambos lados y como un toro [forma geométrica] alrededor del sol, unos rojos como la sangre y otras bolas en gran número, aproximadamente tres en una línea y cuatro en un cuadrado, también algunas solas. Entre estos globos, eran visibles algunas cruces rojas como la sangre, entre las cuales había franjas rojas como la sangre, más gruesas en la parte trasera, y en la parte delantera maleables como las varas de junco, que estaban entremezcladas, entre ellas dos varas grandes, una a la derecha, la otra a la izquierda, y dentro de las varas pequeñas y grandes había tres, también cuatro y más globos. Estos comenzaron todos a pelearse entre sí, de forma que los globos, que primero estaban en el sol, salieron volando hacia los que estaban a ambos lados, luego, los globos que estaban fuera del sol, en las varas pequeñas y grandes, volaron hacia adentro del sol. Además los globos volaron de un lado a otro y lucharon con vehemencia durante más de una hora. Y cuando el conflicto dentro y fuera del sol fue más intenso, se fatigaron hasta tal punto que todos, como se dijo anteriormente, cayeron del sol sobre la tierra "como si todos ardieran" y luego se consumieron en la tierra con inmenso humo.

Después de esto se avistó algo como una lanza negra, muy larga y gruesa; el asta apuntaba al este, la punta al oeste. Lo que sea que signifiquen tales símbolos, solo Dios lo sabe. Si bien hemos visto, uno tras otro, muchos tipos de señales en el cielo, que son enviadas a nosotros por el Dios todopoderoso, para llevarnos al arrepentimiento, todavía somos, desafortunadamente, tan malagradecidos que despreciamos tales signos y milagros tan altos de Dios. O hablamos de ellos con ridículo y los descartamos al viento, para que Dios nos envíe un terrible castigo a causa de nuestra ingratitud. Después de todo, el temeroso de Dios por ninguna razón descartará estas señales, sino que las tomará en serio como una advertencia de su misericordioso Padre en el Cielo, remendará su vida y rogará fielmente a Dios para que pueda evitar Su ira, incluido el castigo merecido, sobre nosotros, para que podamos vivir temporalmente aquí y perpetuamente allí, como sus hijos. Para ello, que Dios nos conceda su ayuda, Amén. – Por Hanns Glaser, pintor de cartas de Nurnberg.

Glaser, un prolífico editor e ilustrador de *broadsheets*, incluyó una representación pictórica del evento. Los ufólogos dicen que esta fue una especie de batalla entre naves extraterrestres, y es considerado en la ufología como un importante avistamiento, pero los escépticos aseguran que el avistamiento suena como un fenómeno conocido como parhelio. Este ocurre cuando cristales de hielo en la atmósfera actúan como un prisma y crean extrañas esferas, cruces, halos y crecientes de luz alrededor del sol. Estas formas cambian con el tiempo a medida que cambia el ángulo del sol, y la atmósfera superior se calienta con el día, lo que quizás explica por qué las imágenes en torno al sol parecían moverse, desaparecer y ser reemplazadas por otras formas en el curso de una hora. La teoría del parhelio, sin embargo, no explica el gran triángulo negro, un tipo común de ovni visto en siglos más recientes, o por qué algunos objetos parecieron estrellarse y arder.

Como se señaló anteriormente, las apariciones en el cielo eran un elemento común en relatos medievales y del Renacimiento, y Nuremberg tuvo su buena cantidad. Soles falsos aparecieron en el cielo cuando la ciudad fue asediada en 1554. Unos meses después, caballeros gigantes combatieron entre sí en el cielo, una escena interpretada como señal del apocalipsis anunciado en la Biblia.

Un avistamiento similar al evento de Nuremberg, ocurrido en Suiza, fue registrado en un *broadsheet*:

Sucedió en 1566 tres veces, el 27 y 28 de julio, y el 7 de agosto, contra el amanecer y el atardecer; vimos formas extrañas en el cielo sobre Basilea.

Durante el año 1566, el 27 de julio, el sol había brillado cálido en el cielo despejado y brillante, y entonces a eso de las 9 p.m., de pronto cambió de forma y color. Primero, el sol perdió todo su resplandor y brillo, y no era más grande que la luna llena, y finalmente parecía llorar lágrimas de sangre y el aire detrás de él se oscureció. Y fue visto por toda la gente en la ciudad y el campo. De forma muy similar también la luna, que ya ha estado casi llena y ha brillado a lo largo de la noche, asumiendo un color casi rojo sangre en el cielo. Al día siguiente, domingo, el sol se alzó a eso de las seis y durmió con la misma apariencia que tenía antes. Iluminó las casas, calles y alrededores como si todo fuera rojo sangre y ardiente. Al amanecer del 7 de agosto, vimos grandes esferas negras yendo y viniendo con gran velocidad y precipitación delante del sol y vibraban como si estuvieran peleando. Muchas de ellas eran de un rojo ardiente, y pronto se venían abajo y luego se extinguían.

Enfermedades raras e histeria colectiva

La lepra era una de las enfermedades más temidas de la época, pero, si bien la lepra podría haber sido la enfermedad más horrorosa que una persona podía contraer, no era la más extraña.

Entre las aflicciones más extrañas estaba la "fiebre de San Antonio", ahora conocida como ergotismo, registrada por primera vez en el año 945, cuando cientos de personas en París comenzaron a vomitar y a desarrollar llagas en su ingle y extremidades. Algunas personas incluso comenzaban a alucinar, y se corrió la voz de que habían sido afectadas por brujería, lo que desató un pánico generalizado.

Lo que realmente ocurría era que estaban sufriendo de envenenamiento por ergot, un tipo de hongo también conocido como cornezuelo, que crece en el pan de centeno si este se humedece. Al parecer, se había distribuido un gran almacén de pan infectado al pueblo, que no era demasiado exigente con su comida en ese entonces, y aunque rasparon el pan para eliminar cualquier hongo que vieran, dejaron pequeñas cantidades en el pan, lo que desencadenó una ola de ergotismo.

Representación de una víctima de ergotismo

El miedo supersticioso a la brujería, de hecho salvó a muchos parisinos envenenados. Las personas acudieron en masa a la iglesia de Santa María, rezando para ser libradas de la magia negra. Hugh, duque de París, se compadeció de la multitud y los alimentó de su propio silo de granos. El grano estaba limpio, y los pacientes pronto se recuperaron.

En 1093 se estableció la Orden de San Antonio, para tratar a víctimas de envenenamiento por ergot, y la enfermedad se hizo conocida como la "fiebre de San Antonio". La Orden de San Antonio era una importante organización caritativa, pues el brote en París no sería la última vez que un gran número de personas sufriría de ergotismo. Algunos de los peores brotes mataron a miles.

Quizás no sorprenda que la gente medieval le atribuyera comúnmente las enfermedades a causas sobrenaturales. La varicela y el sarampión a menudo eran llamados "enfermedad de los elfos acuáticos". La idea era que las úlceras rojas y picosas aparecían tras ser apuñalado por un elfo de agua o una bruja.

Había diversas curas mágicas para este mal. Una que se remonta a la Inglaterra anglosajona implicaba un brebaje de hierbas, cuya receta se preservó en un antiguo tomo sobre propiedades de plantas y hierbas:

> Si un hombre tiene la enfermedad de los elfos acuáticos, entonces las uñas de su mano estarán lívidas, y los ojos llorosos, y estará decaído. Désele esto de remedio: *everthroat* [cnicus], *cassuck*, la parte más baja de la nuez de haya [*fagus*], una baya de tejo, lupino, helenio, una cabeza de malvavisco [bismalva], menta de

pantano, eneldo, lirio, *attorlothe* [*betonica officinalis*], mentha, marrubium, *dock* [*rumex crispus*], sauco, *fel terrse* [picria], o centáurea menor, ajenjo, hojas de fresa, consolida; vierta con cerveza, agregue agua bendita, cante este encantamiento sobre ello tres veces:

He envuelto alrededor de las heridas,

la mejor de las coronas de curación,

para que las llagas perniciosas

no se quemen ni exploten,

ni encuentren su camino más lejos,

ni se vuelvan inmundas y barbechadas,

ni golpeen o palpiten,

ni sean heridas perversas,

ni caven profundamente,

pero que él mismo pueda sostenerse en un
camino hacia la salud.

Que no te duela más,

que el oído en la tierra duele'.

Cante también esto muchas veces: 'Que la tierra te apoye con toda su fuerza y poder'. Estos encantamientos puede un hombre cantar sobre una herida.

Si bien el canto no habría ayudado, el extraño brebaje de hierbas bien podría haberlo hecho. Los investigadores modernos han encontrado que muchas de las curas en los libros herbarios tenían, en efecto, valor medicinal.

Algunas pestes medievales no son tan fácilmente explicables, y parecen ser ejemplos de histeria colectiva. Por ejemplo, una de las más extrañas fue reportada en Aquisgrán en el Sacro Imperio Romano el 24 de junio de 1374, cuando las personas de repente comenzaron a bailar en las calles sin razón aparente. Otros se les unieron y en poco tiempo cientos de hombres, mujeres y niños en toda la ciudad estaban bailando. Bailaron durante horas, y para algunos, las horas se convirtieron en días. Parecía no haber razón para el baile, y los mismos bailarines estaban en un estado de delirio y no podían explicar sus acciones. Pocos se detenían por su propia cuenta. La mayoría solo dejaba de bailar cuando caían al suelo, completamente exhaustos.

Los espectadores desconcertados lo llamaron el "baile de San Vito" o "mal de San Vito", porque supuestamente San vito había puesto una maldición sobre los bailarines. Esta no era la primera vez que estallaba un baile masivo en la Europa medieval, y no sería la última. Muchas veces el baile estaba acompañado de gritos, extrañas contorsiones, y canto a voces. A menudo el baile incontenible comenzaba cerca de la fiesta de San Vito, y aquellos afligidos bailaban hasta el santuario o iglesia más cercana dedicada al santo con la esperanza de una cura.

La primera mención conocida de brotes de bailes masivos se remonta al siglo VII. Los reportes aumentaron en siglos posteriores pero cesaron gradualmente en el siglo XVII, lo que significa que durante mil años, los europeos ocasionalmente comenzaron a bailar en masa, y nadie sabía por qué.

Si bien el baile era a menudo relacionado con un santo cristiano, había algo bastante rebelde, sacrílego incluso, acerca de los brotes. En la ciudad alemana de Bernburg, en algún momento de la década de 1020, un grupo de dieciocho campesinos comenzó a bailar alrededor de la iglesia mientras los fieles adentro intentaban tener sus servicios de Nochebuena. El baile y la juerga se hicieron tan ruidosos que interrumpieron el servicio. Otros grupos de bailarines hacían gestos lascivos o incluso tenían sexo en público. En algunos casos, golpeaban a las personas que no se les unían.

En 1278, otro grupo de aproximadamente 200 alemanes bailó en un puente sobre el río Meuse hasta que éste se desplomó, y muchos resultaron heridos o se ahogaron. Los que lograron salir del río continuaron bailando hasta que fueron conducidos a la cercana capilla de San Vito. El baile en Aquisgrán en 1374 fue el comienzo de una epidemia del baile de San Vito. En menos de un año, la gente estaba bailando por toda Alemania y los Países Bajos, antes de que se extendiera a Francia e Inglaterra.

Contemporáneos e historiadores posteriores no pueden explicar estos eventos. Los expertos en el medioevo tienden a descartar la popular explicación religiosa, aunque tuvieron que admitir que llevar al afligido a un santuario de San Vito era una cura efectiva. Hoy, muchos eruditos medievales creen que se trataba de algún tipo de enfermedad. Esto ha sido recogido por académicos modernos que sugieren abundantes culpables, desde ergotismo hasta tifus, pero ninguna de las enfermedades explica todos los síntomas.

Algunos historiadores modernos sugieren que fue una reacción al estrés social, una especie de histeria colectiva como respuesta a la pobreza y las dificultades de la época. Señalan el hecho de que las áreas principales de la locura de baile de 1374 habían sido golpeadas fuertemente por una inundación que destruyó pueblos completos y arruinó cosechas. Si el estrés social fue la causa, sin embargo, es razonable preguntarse por qué no hubo ejemplos similares durante la Peste Negra o las tantas guerras que regularmente asolaban el campo.

Otros teorizan que pudo haber un culto secreto detrás de los bailes. En algunos casos, los bailarines vestían atuendos extraños y llevaban palos, como si estuvieran preparados para danzar. Algunos bailes duraron meses, aunque la gente obviamente habría tenido que parar para comer y dormir. Muchos reportaban tener visiones o entrar en un estado de éxtasis, por lo que tal vez era una forma de frenesí religioso.

Se puede encontrar cierto apoyo a la idea del "culto secreto" en el hecho de que en numerosas ocasiones, los espectadores tocaban música para los bailarines o construían escenarios para que bailaran, convirtiendo todo el asunto en algo como un carnaval. Aunque ellos aseguraban que hacían esto para curarlos, la noción parece contradictoria. Construir un escenario y tocar música solo alentaría a alguien a bailar, y en efecto, cuando se hacían estas cosas, a menudo atraían más bailarines. Por lo tanto, una explicación más probable era que eran partícipes del secreto. Quienes aislaban a los bailarines de la vista pública o buscaban sacerdotes para que les hicieran exorcismos eran los verdaderos buenos samaritanos.

Incluso más extraño que grupos de personas que estallaban en baile y se mantenían así durante días enteros, fueron las monjas que repentinamente maullaban como gatos. Este extraño hecho se informa en un libro de 1840, *Sobre la soledad,* del filósofo natural John

Zimmerman (originalmente publicado en Alemania en 1756). Zimmerman escribió lo siguiente:

He leído en un buen trabajo médico que una monja, en un convento muy grande en Francia, comenzó a maullar como gato; en poco tiempo, otras monjas también maullaban. Al final todas las monjas maullaban juntas todos los días a cierta hora durante varias horas. Todo el vecindario cristiano circundante escuchaba, con molestia y asombro por igual, este concierto gatuno diario, que no cesó hasta que todas las monjas fueron informadas de que la policía había colocado una compañía de soldados frente a la entrada del convento, y que estaban provistos de varas, y las continuarían azotando hasta que prometieran no maullar más.

Pero de todas las epidemias de mujeres que yo mismo he visto en Alemania, o de las que conozco la historia, la más notable es la celebrada epidemia del convento del siglo XV, que describe Cardan, y que prueba peculiarmente lo que yo aquí impondría. Una monja en un convento alemán comenzó a morder a todas sus compañeras. En poco tiempo todas las monjas de este convento comenzaron a morderse entre sí. Pronto se extendió la noticia de esta infatuación entre las monjas, y luego pasó de convento a convento en gran parte de Alemania, principalmente Sajonia y Brandeburgo. Luego visitó los conventos de Holanda, y finalmente las monjas tenían la manía mordedora hasta en la lejana Roma.

Antes de ridiculizar tales eventos, es importante recordar que ha habido varios casos de histeria colectiva en el mundo moderno. En 2016, hubo una ola de avistamientos de payasos malignos que hicieron que la gente entrara en pánico por todos los Estados Unidos, aunque había poca evidencia de payasos reales que anduvieran por ahí de forma amenazante. Pronto, las personas estaban viendo payasos escondidos cerca de parques infantiles y a lo largo de carreteras y autopistas en más de una docena de países, si bien nadie fue detenido o arrestado por vestir un disfraz de payaso e intentar asustar a la gente.

En 2019, en la escuela secundaria nacional Ketereh, en Malasia, una estudiante comenzó a gritar que veía "el rostro del mal puro", antes de desmayarse. Luego, varias otras jóvenes afirmaron haber visto la cara de una figura oscura acechándolas. Los maestros protegieron con barricadas a sus alumnos en los salones, temiendo que estaban bajo ataque, y el clero musulmán local se apresuró a rezarle a Alá para que los protegiera. Podrían ofrecerse muchos más ejemplos en cada zona del mundo, desde aldeas africanas hasta modernas ciudades estadounidenses. Parece que la histeria colectiva es una respuesta a algún tipo de estrés, y poco tiene que ver con el nivel de educación de los individuos involucrados.

Invenciones maravillosas

Siempre ha sido injusto ver a la Edad Media como una era de abyecta superstición, una especie de periodo sin progreso entre las glorias de Roma y el florecimiento de la ciencia y la cultura en el Renacimiento. Hubo erudición durante el periodo, y con ella vinieron muchas invenciones.

Las civilizaciones más avanzadas de la Edad Media, el Imperio bizantino y los califatos abasíes y omeyas, tenían la tecnología más impresionante, y allí nunca cesaron la erudición y el aprendizaje. De hecho, avanzaron considerablemente y ayudaron a dar inicio al Renacimiento en el siglo XV cuando los cristianos que escapaban de la caída de Constantinopla ante los otomanos, llegaron al oeste.

Algunos de los mayores logros del Imperio bizantino fueron los autómatas, construcciones similares a robots que funcionaban a vapor. Entre estos el más impresionante fue el llamado "Trono de Salomón", en la sala del trono imperial. Los visitantes extranjeros que eran llevados ante la presencia del emperador podían admirar esta maravilla, y uno de ellos, Liutprando de Cremona (norte de Italia), escribió lo siguiente luego de visitar Constantinopla en el año 949:

Frente al trono del emperador había instalado un árbol de bronce dorado, sus ramas llenas de aves, igualmente echas de bronce cubierto de oro, y éstas emitían llamados y cantos apropiados a su especie. Ahora, el trono del emperador estaba hecho de una manera tan astuta que en un momento estaba en el suelo, mientras que en otro se elevaba más alto y se veía en el aire. Este trono era de inmenso tamaño y estaba, por así decirlo, custodiado por leones, hechos de bronce o de madera cubierta de oro, que golpeaban el suelo con sus colas y rugían con la boca abierta y la lengua temblorosa. Apoyado en los hombros de dos eunucos, fui llevado ante la presencia del emperador.

A medida que subía los leones comenzaron a rugir y los pájaros a gorjear, cada uno según su especie, pero no me conmovió ni el miedo ni el asombro (…) Después de haber reverenciado al emperador postrándome tres veces, levanté la cabeza y ¡he aquí! que el hombre que acababa de ver sentado a una altura moderada del suelo ahora se había cambiado las vestimentas y estaba sentado tan alto como el techo del salón. No podría pensar cómo se hizo esto, a menos que tal vez fuera levantado por alguna máquina como la que se usa para levantar las maderas de una prensa de vino.

Las criaturas parecen haber funcionado a vapor. Los "rugidos" y "gorjeos" que vio el visitante, sin duda hechos por el sonido del vapor pasando a través de las bocas de las criaturas, eran probablemente el silbido de un motor a vapor. El trono puede haber sido levantado por simples medios mecánicos, movido arriba y abajo por sirvientes ocultos.

Estas maravillas fueron construidas por León el Matemático (nacido c. 790, vivió hasta algún momento pasado el año 849), un siglo antes de la visita de Liutprando. León también fue responsable de construir un sistema de balizas que atravesaban Anatolia a lo largo de 720 kilómetros, para enviar mensajes entre la capital en Constantinopla y el frente oriental, donde los ejércitos bizantinos estaban combatiendo a los árabes. Se colocó un reloj de agua a cada lado con el día dividido en doce secciones, y un fuego encendido al final de una de estas secciones tenía cierto significado, como "los árabes están atacando" o "se necesitan suministros". Las balizas estaban espaciadas lo suficientemente juntas y con un montón de combustibles listos para ser encendidos, de manera que un mensaje pudiera verse claramente y enviarse de un extremo al otro en una hora.

La innovación militar más impresionante de Bizancio fue el infame fuego griego. Su invención se le atribuye a Calínico, un griego bizantino de la ciudad de Heliópolis, en lo que ahora es Siria, quien huyó de Constantinopla luego de que los árabes conquistaran las provincias bizantinas en el Levante. Su invento evitó que se convirtiera en un refugiado por segunda vez.

Como una cultura altamente religiosa, los bizantinos atribuyeron la invención de esta temible arma a la gracia divina. El emperador Constantino Porfirogéneta (gobernó de 905 a 959), en su obra *De Administrando Imperio*, un libro instructivo sobre la gobernanza escrito para su hijo y heredero, Romano II (gobernó 959-963), escribió que el fuego griego solo debería ser producido en la capital, y nunca compartido con los no cristianos. Recontó la historia de cómo unos extranjeros sobornaron a un funcionario del gobierno para que les diera un poco de fuego griego, y cuando el traidor entró a una iglesia, fue fulminado por fuego del cielo.

Este terrible incendiario era descargado a presión desde un sifón y boquilla montados en una plataforma o *pseudopation* en la proa del dromon. Descrito como un chorro de fuego líquido, este terror recibió varios nombres: fuego romano (*pyr rhomaikon*), fuego pegajoso (*pyr kolletikon*), fuego líquido (*hygron pyr*), o fuego fabricado (*pyr skeuaston*). Cualquier cosa que entrara en contacto con fuego griego se incendiaba instantáneamente y no se podía apagar. El agua no tenía poder contra él, y los hombres que caían al mar encontraban, para su horror, que el agua solo exacerbaba la llama. Las desafortunadas víctimas de esta arma deben haber sufrido una muerte insoportable. Según un relato contemporáneo que describe una batalla en 941, los marineros preferían arrojarse al océano con el peso de su armadura y armamentos, en lugar de enfrentar el horrible líquido[1]. Con un alcance de 10-15 metros, podría incendiar barcos antes de que el enemigo tuviera la oportunidad de abordar.

---

[1] Liutprando de Cremona, *Antapodosis*.

Representación medieval de un barco bizantino usando 'fuego griego'

Naturalmente, no pasó mucho tiempo antes de que los líderes bizantinos comprendieran el valor del fuego griego, no solo por su propósito directo, sino también para infundir miedo con anticipación. Un escritor contemporáneo señaló: "Ya que él [el emperador Alejo I Comneno] sabía que los pisanos eran hábiles en la guerra marítima, y temía una batalla con ellos, hizo que se instalara en la proa de cada barco una cabeza de león u otro animal terrestre, hecha de bronce o hierro y luego revestida de oro, con la boca abierta, de manera que tan solo el aspecto era aterrador. E hizo que el fuego que sería dirigido contra el enemigo pasara a través de tubos que salían por las bocas de las bestias, por lo que parecía que los leones y los otros monstruos similares estaban vomitando el fuego".

El fuego griego se inventó en respuesta a las invasiones árabes del siglo VII. El cronista Teófanes el Confesor (760-818) atribuye su invención a Calínico, un arquitecto de Heliópolis, Siria, alrededor del 672, pero esto no es verificable. Probablemente fue la creación de varios ingenieros bizantinos a lo largo de un periodo de tiempo[2]. Se usó por primera vez para repeler a una flota árabe que

---

[2] Partington, James Riddick, *A History of Greek Fire and Gunpowder* [Historia del fuego griego y la pólvora], Johns Hopkins University Press 1999, pp. 12-13

amenazaba Constantinopla aproximadamente en el año 672. El fuego griego también podía adaptarse para uso terrestre, y la infantería a menudo usaba granadas, o *chytrai*, que eran vasijas llenas del líquido. También podían empaparse abrojos con la substancia, encenderse, y arrojarse por encima de muros o de las líneas enemigas. Un sifón portable, o *cheirosiphon* ["sifón de mano"] funcionaba como una especie de lanzallamas portátil.

Representación medieval de un *cheirosiphon*

El secreto del fuego griego se preservó meticulosamente. Ningún documento que contenga su composición exacta sobrevive hasta hoy día, pero hay muchas teorías acerca de su fórmula. Algunos han propuesto que contenía cal viva u óxido de calcio, un compuesto que produce grandes cantidades de calor en presencia de agua, pero esto no explicaría su eficacia en tierra. Los estudiosos modernos generalmente concuerdan en que se usaba algún tipo de aceite, fuera crudo o refinado, suplementado con varios aditivos para hacerlo viscoso y perdurable. Dado que los efectos del fuego griego parecen ser similares a los del napalm, y éste es a base de petróleo, parece probable.

El fuego griego se usó en batallas contra los búlgaros, los eslavos y otros enemigos del Imperio hasta el siglo XII. A pesar de que tanto los árabes como los búlgaros lograron capturar algunos de los lanzallamas, nunca pudieron descubrir cómo reproducir la sustancia. En última instancia, el uso del fuego griego parece haber terminado en algún momento a comienzos del siglo XIII, pues no se le menciona durante el saqueo de Constantinopla por los cruzados occidentales en 1204, cuando, de haber existido aún suministros, con toda seguridad habría sido empleado[3]. Quizá las regiones de las que se adquiría la materia prima se habían perdido, o la fórmula para su manufactura se perdió. Además, la ventaja que el fuego griego le dio a los bizantinos tal vez se ha exagerado; después de todo, ciertamente no impidió las desastrosas derrotas que

---

[3] Pryor, John H.; Jeffreys, Elizabeth M., *The Age of the ΔΡΟΜΩΝ: The Byzantine Navy ca. 500–1204* [La era de los ΔΡΟΜΩΝ: la armada bizantina ca. 500-1204], Brill Academic Publishers 2006, pp 630-631

sufrieron durante las invasiones árabes y selyúcidas.

El arma siempre tuvo una producción bastante limitada, probablemente debido a la rareza de sus materiales, su complejo proceso de fabricación, y la necesidad de confidencialidad. La mayoría de los relatos de batallas bizantinas de ese periodo muestran que la mayor parte del combate se hacía con armas tradicionales.

Los bizantinos, como herederos del genio de Roma, eran ingenieros avanzados, y usaron su habilidad para producir formidables máquinas de guerra. Desarrollaron el trabuquete de contrapeso, un arma de asedio que arrojaba proyectiles por medio de un brazo oscilante de madera y un peso para elevar dicho brazo. El peso se bajaba por medio de un torno.

Esta arma se menciona por primera vez en la literatura bizantina en una descripción del asedio de Zevgminon (Hungría) en 1165[4]. Los bizantinos se referían a esta máquina como un *helepolis*, "tomador de ciudades". Sin embargo, los trabuquetes de tracción, o mangoneles, que dependían de soldados para disparar los proyectiles, se mencionan desde el siglo IV. Una de estas máquinas, llamada *baban*, se usó durante una invasión selyúcida en 1054. Pesaba 2000 kg, requería 400 hombres para tirar del

---

[4] Chevedden, Paul E. "The Invention of the Counterweight Trebuchet: A Study in Cultural Diffusion" [La invención del trabuquete: un estudio sobre la difusión cultural]. *Dumbarton Oaks Papers* 2000, p. 86

brazo, y podía disparar piedras de 200 kg[5]. Normalmente, estas máquinas seguían a los ejércitos, pero también se montaban en galeras y se usaban para atacar fortificaciones costeras.

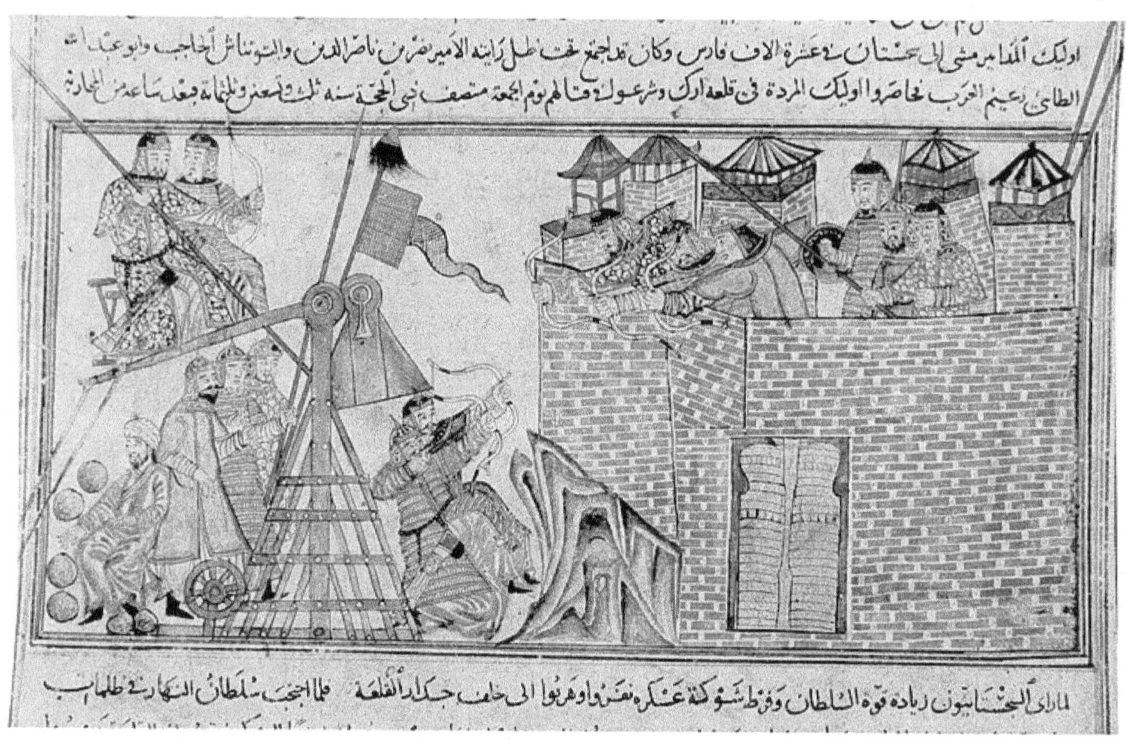

Representación del siglo XIII de un trabuquete o fundíbulo de contrapeso

---

[5] Aristakes de Lastivert, *Recit des malheurs de la nation armenienne* [Historia de los males de la nación armenia], trad. M. Canard y Haig Berberian, Bibliotheque de Byzantion 5, Bruselas 1973, pp. 83-85

**Representación de cruzados usando un trabuquete
para lanzar cabezas
de musulmanes a los enemigos defensores**

Otras armas de misiles utilizadas por el ejército bizantino incluían la *ballistra* o balista, que disparaba grandes flechas. Procopio, cronista del siglo VI, la describió como capaz de quebrar o penetrar madera, piedra y armadura corporal[6]. Las balistas podían montarse en las torres de las murallas de ciudades para defenderse de ejércitos

____

[6] *Gothic Wars* [Guerras Góticas], capítulo XXI

sitiadores, o ser usadas por tropas en el terreno. La carrobalista era una versión más pequeña del arma, montada en un carro y tirada por caballos hasta su posición de disparo. Medía aproximadamente 1.5 metros de ancho y era arrastrada sobre dos o cuatro ruedas.

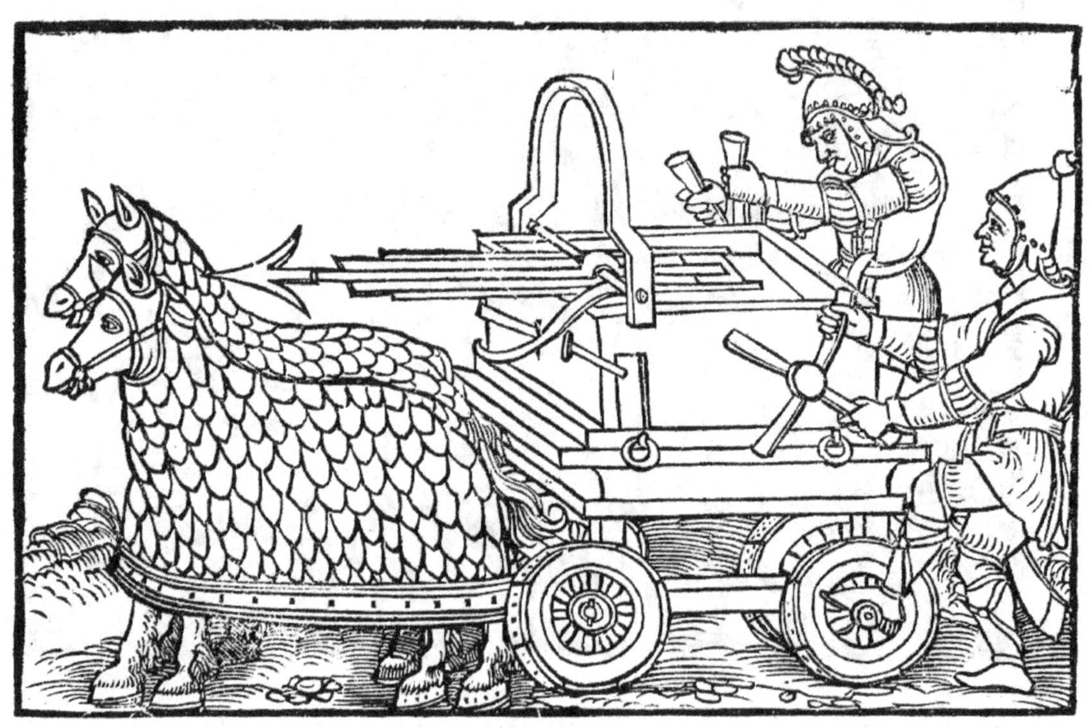

Representación del siglo XV de una carrobalista

En el otro extremo de Europa, en el califato de Córdoba en la España islámica, Abbás Ibn Firnás (810-887), hombre considerado un genio excéntrico y médico de la corte en la ciudad capital de Córdoba, estaba intentando descubrir cómo volar. Una tarde en el año 875, se superó a sí mismo. Parado sobre un muro alto con vistas a un valle escarpado, vestido con un traje de plumas con las alas de dos grandes aves sujetas a sus brazos y piernas, Ibn Firnás declaró que podía volar. "En este momento, me despido de ustedes —le dijo a sus nerviosos amigos—. Al mover estas alas arriba y abajo, debería ascender como los pájaros. Si todo sale bien, después de volar por un rato, debería poder regresar a vuestro lado de manera segura".

No funcionó precisamente como lo planeó, pero no fue tan malo como temía la multitud de espectadores. Tras esperar a tener un viento cruzado, Ibn Firnás saltó del muro. Por un momento, se desplomó directamente hacia el suelo, pero entonces manipuló sus alas y se elevó hasta una altura mayor que con la que había iniciado. Planeó a lo largo de varias decenas de metros, giró y volvió a la pared. El relato de un testigo ocular decía que "voló una distancia considerable como si de un ave se tratara, pero al descender de nuevo en el lugar donde comenzó, se lastimó mucho la espalda. Pues, al no saber que las aves cuando aterrizan se posan sobre sus colas, olvidó proveerse de una".

No hay registro de que su intento se repitiera alguna vez. Ibn Firnás, no obstante, disfrutó de una notable carrera en las ciencias médicas, y el traje de plumas no fue su única invención. Convirtió su casa en una especie de planetario temprano en el que, cuando los invitados entraban, veían estrellas y nubes. Ibn Firnás también podía hacer que el salón se viera como si hubiera una tormenta dentro, completa con truenos y relámpagos. Desafortunadamente, los historiadores no saben cómo hacía que ocurrieran estos efectos.

El siguiente intento de volar registrado fue por un monje inglés llamado Eilmer de Malmesbury, quien vivió en el siglo XI. Poco se sabe sobre su vida, más que era un monje en la abadía benedictina de Malmesbury, en Wiltshire, y que era un astrólogo bien conocido. Su trabajo en astrología fue citado hasta el siglo XVI, pero se perdió desde entonces.

Una breve relación de su vuelo fue registrada en la *Gesta Regum Anglorum* (Gesta de los reyes ingleses), de Guillermo de Malmesbury, un monje del mismo monasterio, quien, cuando era joven, había escuchado la historia contada por monjes más viejos. Guillermo escribió: "En su juventud [Eilmer] había intentado una acción de notable audacia. Había, de alguna manera, no sé cuál, sujetado alas a sus manos y pies de forma que, confundiendo la fábula con la verdad, pudiera volar como Dédalo, y (...) aprovechando la brisa en la cima de una torre, voló por más de un *furlong* [estadio, 201 metros]. Pero agitado por la violencia del viento y el remolino del aire, así como por la conciencia de su precipitado intento, cayó, se partió las dos piernas y quedó cojo para siempre. Solía señalar como la causa de su fracaso, su olvido de proporcionarse una cola".

No está claro desde dónde voló, pero un historiador sugiere que fue hacia el suroeste de la abadía, que, para ese entonces, estaba bien alejada del pueblo. Se estima que se mantuvo en el aire durante unos quince segundos. A pesar de sus lesiones, Eilmer trabajó en otra máquina voladora, esta vez con una cola, hasta que el abad le prohibió realizar más intentos.

Si bien no debería sorprender que imperios tan poderosos como Bizancio o Andalucía crearan maravillas tecnológicas, incluso las culturas menos urbanas produjeron algunas innovaciones increíbles. Los nórdicos son famosos, justamente, por su construcción naval, barcos largos de madera flexible que cabalgaban sobre las olas e incluso se doblaban ligeramente para abrazar la superficie de los mares agitados. Los nórdicos bordearon el norte de Europa, entraron en el Mediterráneo y continuaron hacia el oeste a través del Atlántico norte para colonizar Islandia, Groenlandia y América del Norte.

Sus habilidades de navegación pueden haber sido incluso más impresionantes, ya que un gran conocimiento de los vientos y las corrientes, y la navegación guiada por las estrellas y el sol tienen sus limitaciones. Cuando se dirige al océano abierto hacia lo desconocido, a una región donde puede permanecer nublado durante semanas, ¿cómo puede un marinero navegar guiándose por el sol?

Una pista proviene de viejas historias islándicas que mencionan algo llamado "piedra solar" [*sunstone*], que permitía ver el sol, incluso en días nublados. Este pasaje de *Rauðúlfs þáttr* ofrece la mayor cantidad de detalles en cuanto a su uso: "El clima era nublado y nevoso como había predicho Sigurður. Entonces el rey convocó a Sigurður y Dagur [los hijos de Rauðúlfur] a su presencia. El rey hizo que la gente mirara y no podían ver un cielo despejado en ninguna parte. Luego le pidió a Sigurður que dijera dónde estaba el sol en ese momento. Él hizo una clara aseveración. Entonces el rey los hizo buscar la piedra solar y la sostuvo en alto y vio dónde irradiaba luz de la piedra y así verificó directamente la predicción de Sigurður".

Por muchos años, los estudiosos tendieron a descartar estos relatos debido a su naturaleza tan alegórica. *Rauðúlfs þáttr*, por ejemplo, está lleno de visiones y milagros, perlo luego se descubrió que varias iglesias y monasterios incluyeron piedras solares entre sus posesiones en listas de inventario que datan de los siglos XIV y XV.

Algunos arqueólogos sugieren que la piedra solar era un tipo de cristal de doble refracción, como la cordierita o el espato de Islandia, que se iluminaba u oscurecía dependiendo de la polarización de la luz detrás de ella. Las nubes bloquean la luz visible del sol, pero dejan pasar la luz polarizada. Usar una piedra así podía ayudar a un navegante a encontrar la ubicación del sol incluso en días nublados, lo que le daba la latitud, una información vital cuando se intenta tocar tierra después de una travesía en mar abierto. Los cristales de doble refracción son comunes en Escandinavia e Islandia.

Evidencia adicional proviene de un naufragio excavado en las islas del Canal. Mientras excavaban un buque de guerra inglés que se hundió en 1592, los arqueólogos encontraron un pedazo de espato de Islandia junto a un instrumento de navegación más avanzado. Si bien para entonces la brújula magnética ya había sido inventada, eran costosas y solo daban la generación del norte magnético, no la latitud del barco. La piedra solar todavía tenía sus usos.

Guerra extraña

En una época repleta de guerras, los líderes militares y los soldados regulares idearon una variedad de métodos extraños para vencer a sus enemigos, uno de los cuales fue una forma incipiente de guerra biológica. Aunque faltaban siglos para la teoría microbiana de la enfermedad, las personas tenían el conocimiento instintivo de que los cadáveres en descomposición podían causar enfermedades. Si un ejército quería arrasar un área para evitar que la aprovechara el enemigo, arrojaban cadáveres (animales o humanos) en pozos y arroyos. Al asediar un castillo o ciudad, los atacantes usaban catapultas y trabuquetes para lanzar animales muertos a los enemigos en el interior, con la esperanza de propagar enfermedades, incluso sin entender cómo funcionaban realmente los contagios.

Un elemento que no se desplegó ampliamente en los asedios medievales fue el aceite hirviendo. Aunque existen algunos registros de haber sido derramado sobre los atacantes, el aceite, (fuera animal o vegetal) era costoso y su preparación tomaba mucho tiempo. Era mucho más fácil simplemente verter agua hirviendo sobre cualquiera que intentara escalar los muros. Cada zona fortificada estaba equipada con un pozo como mínimo, y sobre los muros se instalaban grandes calderos calentados con fuego. El agua hirviendo se derramaba a través de agujeros, llamados "matacanes" o "buzón matafuegos", y caía en cascada sobre los atacantes debajo.

También se arrojaba cal viva para cegar a las personas. En polvo, es muy irritante para los ojos, y un cronista del siglo XIII, Egidio de Roma, mencionó que la cal viva se usaba también en la guerra naval. Se arrojaban vasijas de cerámica llenas de cal viva a las naves enemigas para que se quebraran al golpear la cubierta y el polvo de cal se esparciera rápidamente por doquier, ayudado por la brisa marina. Se puede imaginar a los soldados sobresaltados al no poder dirigir sus barcos, los arqueros soltando sus arcos para frotarse los ojos, y ninguno viendo la nave enemiga a punto de embestir, lista para hundirlos con un ariete.

Otro dispositivo no letal era el *man catcher* ["atrapa-hombres"]. En el extremo de un asta había un círculo metálico con púas en el interior. En su boca había un par de aletas accionadas por resorte que permitían que un cuerpo entrara pero no pudiera zafarse. El portador presionaba con fuerza la cabeza del *man catcher* contra algún enemigo, atrapando al desdichado por el cuello u alguna extremidad, incapaz de usar su espada contra su atacante, quien permanecía a una distancia segura, en el otro extremo de su asta. Dado que la víctima probablemente tenía armadura, las púas no lo lastimarían mucho si no se movía demasiado, y entonces podía ser forzado fuera del campo de batalla, y al cautiverio. Los prisioneros de alto rango eran considerados botín de guerra, ya que podía exigirse una buena suma por su rescate.

La invención de la pólvora provocó una lenta revolución en la guerra europea, desde finales del siglo XIII. Los primeros cañones eran armas muy pesadas, que no obstante, eran efectivas contra los muros de castillos. Como los primeros cañones tardaban en recargarse, no fueron muy útiles contra infantería y caballería, hasta que unos artilleros inteligentes idearon los *ribadiaux*, carretillas montadas con tres o más cañones pequeños sujetos juntos en fila, protegidos por un escudo de madera y largas púas de hierro en el frente. Estos se podían rodar con relativa facilidad, disparando un cañón a la vez para mantener un fuego constante durante un tiempo.

El primer caso registrado de su uso fue en la batalla de Beverhoutsveld, el 3 de mayo de 1382, librada entre los ejércitos de Philippe van Artevelde de Gante y el rey Luis II de Flandes. El ejército de Luis II superaba en número a los ganteses por lo menos cinco a uno, pero los ganteses estaban en una posición defensiva con varios *ribaudiaux* que totalizaban unos 300 cañones. El ejército de Luis se lanzó a la carga, pero su línea fue rota con descargas de cañones. Cuando los hombres se retiraron en pánico, los ganteses contraatacaron y aplastaron lo que quedaba del ejército.

Para entonces, versiones más pequeñas de los cañones eran llevadas por soldados individuales. Llamados *handgonnes*, o "cañones de mano", estos precursores del mosquete se encendían con una mecha lenta, al igual que los cañones. Más adelante, se les instalarían palancas para presionar la mecha en una forma cruda y temprana de la llave de mecha. Aunque lentos para recargar e inexactos, aún eran útiles por su capacidad de penetrar armadura.

Fueron los husitas, un grupo de nacionalistas bohemios, quienes hicieron el primer uso efectivo de cañones de mano y artillería, en su guerra de independencia contra el Sacro Imperio Romano entre 1419 y 1436. Este ejército estaba compuesto más que todo de campesinos y civiles, reforzados por los séquitos de algunos nobles rebeldes, que se enfrentaron a uno de los ejércitos más grandes y mejor equipados de la Europa medieval.

Los husitas eran inteligentes, y usaban cualquier material que tenían a la mano. Idearon el *wagenburg*, una pared móvil de carros fortificados con planchas de madera sujetas a sus costados, equipados con agujeros de disparo, que permitían a los arqueros, ballesteros y cañoneros disparar desde ellos con relativa protección. Los carros, algunos de los cuales estaban equipados con cañones, se podían encadenar y formar un círculo para hacer una fortaleza que podía desmontarse y moverse fácilmente, de ser necesario.

Cada carro estaba equipado con herramientas con las que cavar trincheras, y estaba tripulado por dos conductores, dos cañoneros, seis ballesteros, catorce hombres con mayales, cuatro hombres con alabardas y dos hombres con paveses, grandes escudos para bloquear los espacios entre los carros.

Los husitas usaban sus *wagenburgs* en una táctica de

defensa ofensiva, situando la fortaleza móvil cerca de una carretera o ciudad importante, formando los carros en círculo, y esperando. Al perder el control de un punto clave, el enemigo no tendría más opción que atacar. Combatiendo desde detrás de estos carros fortificados, los husitas anulaban la mayoría de las ventajas que disfrutaban los caballeros montados. Esta táctica funcionaba tan bien que otros ejércitos comenzaron a adoptarla, pero en cuestión de un par de generaciones, artillería más móvil y poderosa hizo vulnerables a los *wagenburgs*. Con eso, fueron descartados.

La industria de las reliquias sagradas

La iglesia era uno de los puntos focales de la cultura medieval, un lugar en el que lavar los pecados, buscar orientación espiritual y los rudimentos de la educación, y encontrarse regularmente con los vecinos. Los mercados se instalaban a menudo afuera de las iglesias para atraer a los clientes que entraban o salían, y los festivales religiosos adoptaron una atmósfera como de feria, donde sucedían cosas muy poco religiosas; las autoridades eclesiásticas intentaron, por lo general en vano, detener esto.

La Iglesia se esforzó mucho por imponer sus enseñanzas sobre una población mayoritariamente analfabeta. Mientras que el servicio era en latín y solo comprensible para la élite educada, los sermones eran en la lengua común de la zona y podían prolongarse por horas mientras el sacerdote explicaba puntos importantes de doctrina. Pinturas vívidas que representaban las alegrías del cielo y los terrores del infierno actuaban como ilustraciones gráficas del más allá.

La Iglesia también jugó con las nociones medievales de magia para transmitir su punto de vista. Las reliquias, que incluían partes del cuerpo y huesos de santos muertos, los clavos de la cruz, las agujas de la corona de espinas, e incluso la leche de la Virgen María, eran enormemente populares. Eran exhibidas en las iglesias y a menudo consagradas en relicarios lujosamente enjoyados. La gente los imbuía de cualidades curativas inspirados por los relatos del Nuevo Testamento de cómo los objetos tocados por Jesús y los apóstoles tenían el poder de curar a los enfermos. Las iglesias con las mejores colecciones de reliquias se convirtieron en centros de peregrinación. Dado que hacer un peregrinaje era muchas veces la única manera de que un campesino pudiera obtener el permiso de su señor para salir de su tierra, las visitas a las reliquias eran de especial importancia.

Algunas de las reliquias más comunes eran pedazos de la cruz sobre la que fue crucificado Jesús. Era una broma común en épocas posteriores que si se reunieran todas las partes de la Santa Cruz, llenarían un depósito maderero, y esto no estaba lejos de la verdad. Dejando a un lado las leyendas, el problema real surge cuando los historiadores eliminan los elementos míticos e intentan identificar cómo y cuándo aparecieron estas reliquias por primera vez en la historia, y de allí, seguirlas de generación en generación y de iglesia en iglesia, a través de las manos de reyes y papas. Es una historia larga y complicada, desde los creyentes del cristianismo hasta sus enemigos, y los historiadores deben intentar determinar cómo se perdieron y recuperaron las reliquias, cómo se dispersaron por todo el mundo (y solo algunas veces se reunieron de nuevo), cómo fueron robadas por ejércitos invasores y usadas como formas impresionantes de propaganda; e incluso cómo se perdieron, recuperaron y depositaron en los lugares donde se las venera hoy.

Juan Calvino, uno de los principales reformadores protestantes del siglo XVI, criticó una vez la veneración de las reliquias al señalar que si todas las reliquias se juntaran, indicaría "que cada apóstol tiene más de cuatro cuerpos, y cada santo dos o tres".

La reliquia más extraña es, quizás, el prepucio de Jesús. Las partes del cuerpo eran las reliquias más preciadas, pero dado que Jesús ascendió al cielo, no deberían quedar partes de su cuerpo. Excepto por su prepucio, que la Biblia dice fue removido de su cuerpo en su circuncisión, ocho días después de su nacimiento. La gente asumió que no había ascendido al cielo con el resto de él, y por ende estaba disponible para su veneración aquí en la Tierra.

El Santo Prepucio supuestamente fue dado a Carlomagno por un ángel que lo presentó al papa León III en el año 800, y el obsequio resultó tan famoso y gustaba tanto a las multitudes, que comenzaron a aparecer más Santos Prepucios. En poco tiempo, no menos de veintiún iglesias en Europa afirmaban tener el verdadero. La gente acudía de todos lados para rezarle a estos pequeños trozos de piel, y se les atribuyeron muchos milagros, entre ellos, el más importante era ayudar a las mujeres durante los partos difíciles.

Todas las iglesias intentaron que el papa aprobara su prepucio como el verdadero, pero no fue hasta el siglo XVI que el papa Clemente VII dictaminó que el conservado en la abadía de Charroux, en Francia, era el prepucio real de Jesús. Las autoridades de la abadía afirmaron que Carlomagno se los había donado, una historia que se contradice con la leyenda original. Como prueba adicional, dijeron que muchos testigos lo habían visto gotear sangre. Lamentablemente, este prepucio finalmente desapareció (quizás robado, como tantos otros artefactos), y la abadía está ahora en ruinas.

La reliquia más famosa hoy en día es el Sudario de Turín. Albergado en la catedral de San Juan Bautista en

Turín, Italia, es una tramo de tela manchada de sangre, que muestra lo que parece ser la imagen de Cristo mismo.

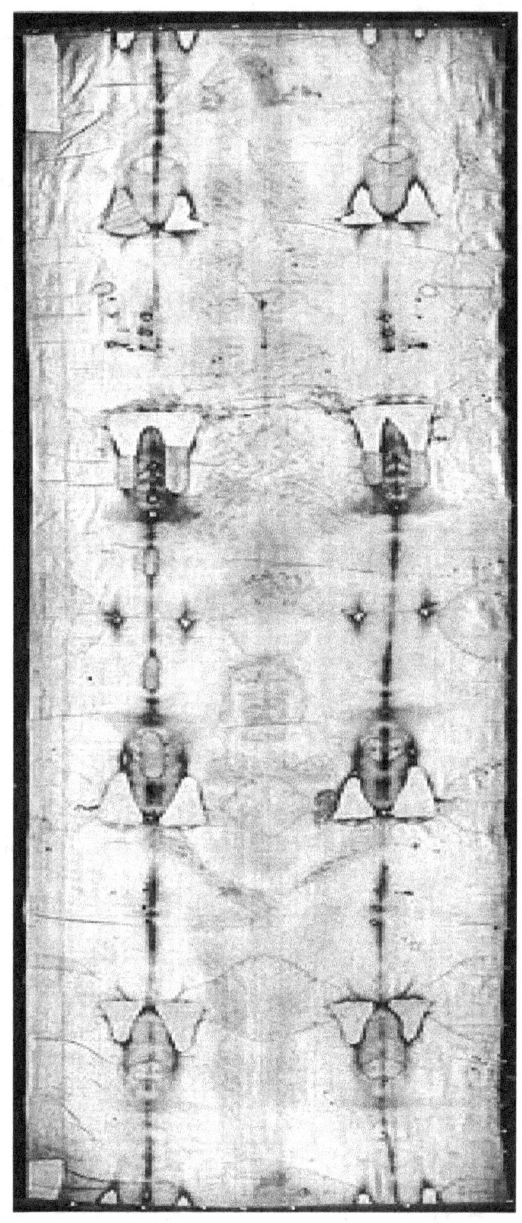

Imagen del Sudario de Turín en toda su longitud

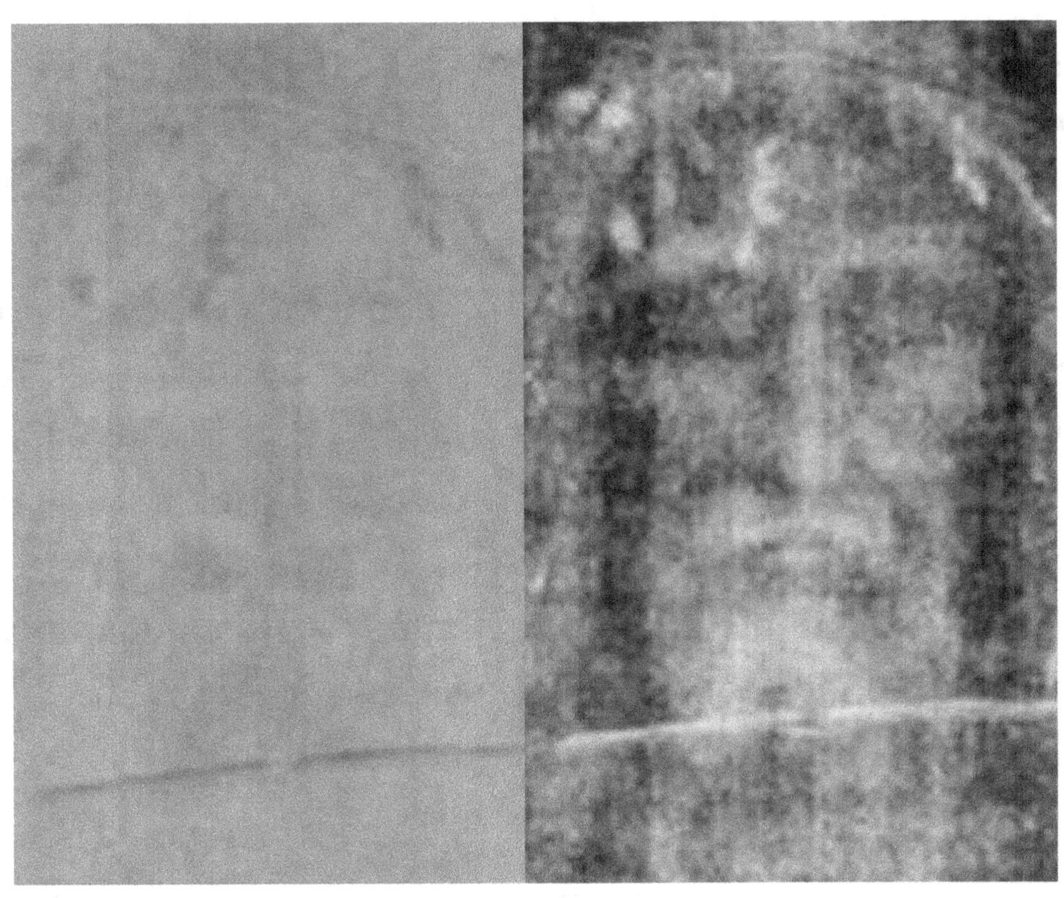

El Sudario de Turín y un negativo fotográfico que muestra mejor la imagen

Los críticos lo llaman uno de los mayores fraudes en la historia religiosa. Los creyentes lo llaman uno de los artefactos más importantes del cristianismo. Todos concuerdan en que es misterioso, interesante y controversial. El Sudario o Sábana Santa de Turín ha sido una reliquia controvertida desde el momento en que se exhibió públicamente por primera vez en el norte de Francia en el siglo XIV, hasta que se le realizaron las muy esperadas pruebas de carbono 14 a la tela en 1988. Un grupo formado por creyentes religiosos y científicos agnósticos ha argumentado vehementemente que este Sudario representa la tela funeraria real de Jesús de Nazaret, mientras que otro grupo de creyentes religiosos y científicos críticos y eruditos ha argumentado que el Sudario de Turín es una falsificación medieval creada por un artista para Geoffrey de Charny o alguno de sus antepasados en Francia en el siglo XIV. Ciertamente, la posición que se tome con respecto al Sudario parece trascender las divisiones usuales de afirmación del credo o el nivel general de educación; algunos líderes de la iglesia lo han denunciado como falsificación, mientras que algunos se han maravillado de su carácter auténtico.

En algunos casos, los datos que presenta cada lado son diferentes. Por ejemplo, diversos expertos han analizado la tela con la misma pregunta científica y han obtenido resultados diferentes. En la mayoría de los casos, sin embargo, los datos en sí son idénticos, siendo la única diferencia la interpretación que se le da a la información. El escritor John Walsh quizás lo expresó mejor cuando dijo: "El Sudario de Turín es la reliquia más asombrosa e instructiva de Jesucristo que existe... o es uno de los productos más ingeniosos e increíblemente inteligentes de la mente y la mano humana que se haya registrado. Es lo uno o lo otro; no hay término medio" (Walsh, 1963, 8).

Como señala el comentario de Walsh, quizás lo más sorprendente del Sudario es que, si bien la datación de la tela por carbón radiactivo sugiere que se remonta a la época medieval, no hay un consenso en cuanto a cómo llegó la imagen a la tela. Incluso a fines del siglo XIV, las autoridades religiosas lo consideraban un fraude, pero la ciencia moderna no ha podido explicar cómo lo llevó a cabo el artista responsable de la imagen. Hasta el día de hoy, la Iglesia Católica no ha tomado una posición definitiva sobre su autenticidad, con el papa Francisco limitándose a decir "el Hombre del Sudario nos invita a contemplar a Jesús de Nazaret".

Dado que los peregrinos donaban dinero a las iglesias y gastaban bastante en la ciudad, había un incentivo económico para hacer reliquias falsas o robarlas de otras iglesias. Era bastante sencillo poner un hueso en un relicario y llamarlo la pierna de San Pablo, pero otros engaños eran un poco menos convincentes. Una iglesia exhibió orgullosamente el cerebro de San Pedro, hasta que fue movido y resultó que era una piedra pómez.

El robo de reliquias abundaba. No se podía simplemente comprar una reliquia, porque eso pondría en duda su autenticidad. Después de todo, ¿por qué vendería alguien una reliquia verdadera con poderes sagrados? Por lo tanto, era mucho mejor robarla o comprarla discretamente y alegar haberla robado en una rara instancia en la que se podía admitir un delito que nunca se cometió. Uno de los robos más famosos ocurrió en el año 1087, cuando la ciudad de Bari, Italia, envió a un grupo de hombres a la ciudad de Myra, en Turquía, para que robaran los huesos de San Nicolás. Como resultado, el hombre que sirvió de inspiración para el personaje de Santa Claus fue robado y orgullosamente exhibido en Bari, cuyos habitantes alardearon con todo el mundo de lo que habían hecho.

Recursos en línea

Otros títulos misteriosos por Charles River Editors

Otros títulos de historia medieval por Charles River Editors

Otros títulos sobre la Edad Media en Amazon

Lecturas recomendadas

Bartholomew, Robert E. *Little Green Men, Meowing Nuns and Head-Hunting Panics: A Study of Mass Psychogenic Illness and Social Delusion* [Hombrecitos verdes, monjas que maullaban y pánico por caza-cabezas: un estudio de la enfermedad psicógena masiva y el delirio social]. Jefferson, Carolina del Norte: McFarland, 2001.

Brett, G. "The automata in the Byzantine 'Throne of Solomon'" [Los autómatas en el 'Trono de Salomón' bizantino] en *Speculum* 29 (1954).

Charles River Editors. *The Vikings in North America:*

The History and Legacy of the Norse Settlements in Greenland and Vinland [Los vikingos en Norteamérica: la historia y legado de los asentamientos nórdicos en Groenlandia y Vinlandia]. Charles River Editors: 2015.

Cockayne, Thomas Oswald. *Leechdoms, wortcunning, and starcraft of early England. Being a collection of documents, for the most part never before printed, illustrating the history of science in this country before the Norman conquest* [*Leechdoms, wortcunning* y *starcraft* de los inicios de Inglaterra. Una colección de documentos, en su mayor parte nunca antes impresos, que ilustran la historia de la ciencia en este país antes de la conquista normanda]. Londres, Reino Unido: Longman, Roberts and Green, 1864.

Dawes, Elizabeth A., ed. *The Alexiad* [La Alexiada]. Londres, Reino Unido: Routledge & Kegan Paul, 1928.

DeVries, Kelly. *Medieval Military Technology* [Teconología military medieval]. Peterborough, Ontario: Broadview Press Ltd, 1992.

Eusebio de Cesarea. *The Life of the Blessed Emperor Constantine* [La vida del emperador Constantino], del volumen I, Padres Nicenos y Postnicenos, vol. 1, 2da serie, ed. P. Schaff y H. Wace. Grand Rapids, Michigan: Wm. B. Eerdmans, 1955.

Farley, David. *An Irreverent Curiosity: In Search of the Church's Strangest Relic in Italy's Oddest Town: In Search of the Church's Strangest Relic in Italy's Oddest Town* [Una curiosidad irreverente: en busca de la reliquia más extraña de la Iglesia en la ciudad más extraña de Italia]. Nueva York, Nueva York: Gotham Books, 2009.

Geary, Patrick J. Furta Sacra: *Thefts of Relics in the Central Middle Ages* [Robos de reliquias en la Edad Media Central]. Princeton, Nueva Jersey: Princeton University Press, 1978.

Giles, J. A. *The Anglo-Saxon Chronicle* [La crónica anglosajona]. Londres, Reino Unido: G. Bell and Sons, Ltd., 1914.

Jung, Carl. *Flying Saucers: A Modern Myth of Things Seen in the Skies* [Platillos voladores: Un mito moderno sobre cosas vistas en los cielos]. Princeton, Nueva Jersey: Princeton University Press, 1978.

McLachlan, Sean. *Byzantium: An Illustrated History* [Bizancio: historia ilustrada]. Nueva York, Nueva York: Hippocrene Books, 2004.

McLachlan, Sean. *Medieval Handgonnes: The First Black Powder Infantry Weapons* [Cañones de mano medievales: las primeras armas de infantería de pólvora negra]. Oxford, Reino Unido: Osprey Publishing, 2010.

Tuchman, Barbara. *A Distant Mirror: The Calamitous Fourteenth Century* [Un espejo distante: el calamitoso siglo XIV]. Nueva York, Nueva York: Ballantine Books, 1978.

Waller, John. "Dancing plagues and mass hysteria" [Pestes de baile e histeria colectiva] en *The Psychologist.* https://thepsychologist.bps.org.uk/volume-22/edition-7/dancing-plagues-and-mass-hysteria Consultado el 12 de febrero de 2020.

White, Lynn. "Eilmer of Malmesbury, an Eleventh Century Aviator: A Case Study of Technological Innovation, Its Context and Tradition" [Eilmer de Malmesbury, un aviador del siglo XI: un estudio de caso de innovación tecnológica, su contexto y tradición]. *Technology and Culture*, Vol. 2, No. 2, 1961.

Libros gratuitos por Charles River Editors

Tenemos nuevos títulos disponibles gratuitamente durante casi toda la semana. Para ver cuáles de nuestros títulos se encuentran gratuitos actualmente, haga clic en este enlace.

Libros en descuento por Charles River Editors

Tenemos títulos con un precio reducido de tan solo 99 centavos cada día. Para ver cuáles de nuestros títulos cuestan 99 centavos actualmente, haga clic en este enlace.